MAX LUCADO

ÉL ESCOGIÓ
LOS CLAVOS

GRUPO NELSON
Una división de Thomas Nelson Publishers
Desde 1798

NASHVILLE   DALLAS   MÉXICO DF.   RÍO DE JANEIRO

© 2001 Editorial Caribe
una división de Thomas Nelson, Inc.
Nashville, TN —Miami, FL (EE.UU.)

E-Mail: editorial@editorialcaribe.com
www.editorialcaribe.com

Título en inglés: He Chose the Nails
© 2000 Max Lucado
Publicado por Word Publishing
una división de Thomas Nelson, Inc.
Nashville, TN —Miami, FL (EE.UU.)

Traductor: Eugenio Orellana

Diseño interior: *A&W Publishing Electronic Services, Inc.*

ISBN: 0-88113-609-3
ISBN: 978-0-88113-609-8

Impreso en EE.UU.
Printed in U.S.A.

27ª Impresión, 4/2011

A Cristo Jesús
Porque tú escogiste los clavos

CONTENIDO

RECONOCIMIENTOS

Estoy aplaudiendo. Ya que los libros no tienen altavoces, tú no me puedes oír. Pero créeme. Estoy ofreciendo un estruendoso aplauso y una ovación de pie a:

Liz Heney y Karen Hill, mis editoras. Ustedes son siempre tan buenas al darme un empujón, pero esta vez una se puso detrás para empujarme y la otra se puso delante para halarme. Este viejo burro suele ser muy terco. Gracias por llevar este proyecto hasta el final.

Dr. Roy B. Zuch del Seminario Teológico de Dallas. Sus sugerencias fueron de gran valor.

Steve Halliday. Otro libro, otra gran guía de estudio.

Carol Bartley y Laura Kendall. Les estoy muy agradecido por su precisión con el manuscrito.

La familia de Word. Me siento honrado de ser parte de ustedes.

La Iglesia de Cristo de Oak Hills y su personal. No hay lugar donde más desee estar el domingo que con ustedes.

Gratitud especial a Buddy Cook, al Club de Golf de Texas y a la Academia de Golf La Cantera. Steve y Cheryl Green. El diccionario define la palabra amigo, pero ustedes le dan vida. Gracias por todo lo que hacen.

Al creyente ruso que un domingo, hace de esto algunos años, dejó sobre mi escritorio una cruz. En una nota me decía cómo había hallado una nueva fe en Jesús, la que lo había llevado a recuperar los clavos de una vieja iglesia rusa abandonada. Puso los clavos en la cruz y tejió alrededor de ella una corona de alambre de púas. Esta impresionante obra de arte cuelga en la pared de mi oficina y aparece en la cubierta de este libro. Mi gratitud a esa persona cuyo nombre desconozco pero cuyo corazón conozco muy bien.

Mis hijas Jenna, Andrea y Sara. Sin duda, ustedes han sido muy pacientes mientras se escribía este libro. ¡Gracias! Esta noche llegaré temprano a casa.

Mi esposa Denalyn. Mi amor por ti cesará el mismo día que cese el amor de Dios.

Tú, lector. Si estas divagaciones te revelan alguna verdad acerca del verdadero Autor, todos nuestros esfuerzos habrán valido la pena.

Y tú, Jesús, ante quien todos nos ponemos de pie para ofrecerte un estruendoso aplauso. Una cosa es escribir y leer esta historia. Otra muy diferente es vivirla. Y tú la viviste.

Hace mucho tiempo, aun antes que se hiciera el mundo,
Dios nos amó y nos escogió en Cristo
para que fuéramos santos y sin falta ante sus ojos.
Su plan inalterable ha sido siempre adoptarnos en su propia
familia al atraernos a sí mediante Cristo Jesús.
Y esto le dio una gran satisfacción.
Por eso alabamos a Dios. Por la bondad maravillosa que ha
derramado sobre nosotros porque pertenecemos
a su muy amado Hijo.
Él es tan rico en bondad que compró nuestra libertad
al precio de la sangre de su Hijo,
y nuestros pecados han sido perdonados...
Ahora, el plan secreto de Dios ha sido revelado a nosotros;
es un plan centrado en Cristo,
diseñado hace mucho tiempo según su buen deseo.
Y este es su plan:
En el momento preciso, Él reunirá todas las cosas
bajo la autoridad de Cristo.
Todas las cosas que hay en el cielo y en la tierra.
Además, mediante Cristo,
hemos recibido de Dios una herencia,
porque Él nos escogió desde el principio,
y todo tiene lugar según Él lo decidió hace mucho tiempo.

Efesios 1.4-7, 9-11 (traducción libre).

1

¿HICISTE
ESTO POR MÍ?

El regalo de Dios es vida eterna en
Cristo Jesús nuestro Señor.

Romanos 6.23

¡Gracias sean a Dios por su regalo indescriptible!

2 Corintios 9.15

Y Dios ha reservado para sus hijos el regalo inapreciable
de la vida eterna; que es guardado en el cielo para ti,
puro e incontaminado, más allá de todo cambio
y depreciación. Y Dios, en su majestuoso poder,
se asegurará que llegues allí para recibirlo porque confías en
él. Será tuyo en aquel día final que viene y que todos verán.

1 Pedro 1.4-5

Todo bien y todo regalo perfecto vienen de arriba, del Padre
de las luces celestiales, que no cambia como sombras
vacilantes. Él decidió darnos vida a través de la palabra
de verdad, para que nosotros pudiéramos ser una clase
de primicias de todo lo creado.

Santiago 1.17-18

$\mathcal{E}$s digno de nuestra compasión. Cuando lo ves, no te ríes. No te mofas. No te vas, ni mueves la cabeza. Te acercas respetuosamente a él, lo llevas hasta el banco más cercano y lo ayudas a sentarse.

Te compadeces del hombre. Es tan tímido, tan cauteloso. Es un ciervo en las calles de Manhattan. Tarzán caminando por la jungla urbana. Es una ballena encallada en la playa, preguntándose cómo llegó allí y cómo hará para salir y volver a las aguas profundas.

¿Quién es esta criatura desamparada? ¿Este huérfano de aspecto tan triste? Se trata de un –por favor, quítense el sombrero– hombre en el departamento de mujeres. Anda en busca de un regalo.

Es posible que sea Navidad. Puede tratarse de su cumpleaños o del aniversario de bodas. Cualquiera que sea el motivo, ha salido de su escondrijo. Dejando atrás las tiendas de artículos deportivos, los negocios de comida y los grandes televisores en el departamento de artículos electrónicos, se aventura en el mundo desconocido de ropa de mujer. No te costará ubicarlo. Es el que permanece inmóvil en el pasillo. Si no fuera por la mancha de sudor debajo de sus brazos, creerías que se trata de un maniquí.

Pero no lo es. Es un hombre en el mundo de una mujer. Nunca había visto tanta ropa interior. En Wal-Mart, donde compra la suya, todo está empacado y en sus respectivos estantes. Pero esto en una selva impenetrable. Su padre le había advertido sobre lugares como este. Aunque el letrero de la sección dice ¡quédese!, él sabe que no lo hará.

Empieza a caminar pero no sabe adónde ir. Claro, no todos los hombres han sido preparados para este momento como lo fui yo. Mi padre veía el desafío de comprar algo para las mujeres como un ritual de pasada, con pajarillos, y abejas y lacitos. Nos enseñó a mi hermano y a mí a sobrevivir cuando vamos de compra. Recuerdo el día cuando nos sentó y nos enseñó dos palabras. Para arreglártelas en un país extranjero necesitas conocer el idioma, y mi padre nos enseñó el idioma del departamento de mujeres.

«Llegará el día», nos dijo solemnemente, «cuando un vendedor se ofrecerá para ayudarles. Cuando ese día llegue, respiren hondo y digan la frase: «*Es-tée Lau-der*». A partir de ahí, en cada ocasión en que había de recibir un regalo, mi mamá recibía tres regalos de los tres hombres de su vida: Estée Lauder, Estée Lauder, Estée Lauder.

Mi terror al departamento de mujeres desapareció. Pero entonces, conocí a Denalyn. A Denalyn no le gustaban los productos de Estée Lauder. Aunque le dije que la hacía oler maternalmente, no cambió su opinión. Desde entonces, he tenido que acomodarme a la situación.

Este año para su cumpleaños opté por comprarle un traje. Cuando la vendedora me preguntó por sus medidas, le dije que no las sabía. Y, sinceramente, no las sé. Sé que puedo pasar mi brazo alrededor de ella y que su mano cabe perfecta en la mía. ¿Pero su talla de vestidos? Nunca se lo he preguntado. Hay ciertas cosas que el hombre no pregunta.

La vendedora trató de ayudarme. «¿Es su esposa más o menos como yo?» Me enseñaron que con las mujeres tenía que ser un caballero, pero en este caso, no podía ser cortés si quería contestar la pregunta. Había solo una respuesta: «Es más delgada que usted». Me paré firme en el suelo, tratando de encontrar la respuesta. Después de todo, yo escribo libros. Seguro que podría encontrar las palabras adecuadas.

Decidí ser directo: «Es menos que usted».

O, más cortésmente: «Usted luce más como una mujer que ella». ¿Sería suficiente una pista? «Entiendo que la tienda está *reduciéndose*».

Finalmente, tragué y dije la única cosa que sabía decir: «Estée Lauder»

Ella indicó en dirección del departamento de perfumes, pero yo sabía que mejor era no entrar allí. Le buscaría un bolso de mano. Quizás sería más fácil. ¿Qué podría tener de complicado seleccionar un artículo para llevar las tarjetas y el dinero? Yo he usado durante ocho años el mismo monedero. ¿Qué tan complicado puede ser comprar un bolso?

¡Oh, bruto que soy! Dile a un vendedor de una tienda de artículos de hombre que andas buscando una billetera y tu próxima jugada te encontrará parado frente a la cajera. La única decisión que has podido hacer ha sido si la prefieres negra o café. Dile a una vendedora en el departamento de damas que quieres un bolso, y te verás escoltado a un cuarto. Un cuarto lleno de estanterías. Estanterías llenas de bolsos. Bolsos con etiquetas con sus precios. Etiquetas pequeñas pero con precios tremendos... tan tremendos que pueden quitarle a cualquiera las ganas de comprar uno.

Me encontraba pensando en esto cuando la vendedora me hizo algunas preguntas. Preguntas para las cuales no tenía respuesta. «¿Qué clase de bolso le gustaría a su esposa?» Mi mirada al vacío le dijo que no tenía ni idea, así es que comenzó a presentarme una lista de opciones: «¿De mano? ¿De colgar del hombro? ¿De guantes? ¿Grande? ¿No tan grande? ¿Pequeño?»

Mareado ante tantas opciones, tuve que sentarme. Puse mi cabeza entre mis rodillas para no caerme. Pero ella no tenía para cuándo terminar. «¿Con monedero? ¿Un bolso tipo cartera? ¿De bolsillo? ¿Mochila?»

¿Mochila? El sonido de la palabra me resultó familiar. Satchel (mochila, en inglés) Paige había sido un lanzador en las grandes ligas de béisbol. Esta parecía la respuesta. Saqué pecho y dije, muy orgulloso: «¡Satchel! (¡Mochila!)»

Aparentemente, mi selección no fue de su agrado, porque empezó a lanzarme maldiciones en un idioma desconocido. Perdónenme por hacer referencia a esta vulgaridad, pero la señora estaba realmente disgustada. No entendí todo lo que dijo, pero sí me dio la impresión que creyó que estaba tratando con un loco. Cuando hizo referencia al precio puse mi mano sobre el bolsillo donde acostumbro llevar mi billetera y dije, en tono desafiante: «No. Este es mi dinero». Fue suficiente. Salí de allí a toda marcha. Pero cuando salía del cuarto, le di un poco de su propia medicina. «¡Estée Lauder!» le grité y corrí lo más rápido que pude.

¡Ah! Las cosas que tenemos que hacer para darle algún regalo a alguien que amamos.

Pero no importa. Lo volveríamos a hacer. Siempre lo hacemos de nuevo. Cada Navidad, cada cumpleaños. ¡Con cuánta frecuencia nos encontramos en un territorio que no es el nuestro! Adultos en tiendas que venden juguetes. Papás en tiendas para adolescentes. Esposas en los departamentos de caza y esposos en el departamento de bolsos.

Pero no solo entramos a lugares inusuales, sino que hacemos cosas inusuales. Armamos bicicletas a medianoche. Escondemos los nuevos neumáticos con aros de magnesio debajo de la escalera. Supe de un tipo que en un nuevo aniversario alquiló un cine para poder él y su esposa ver de otra vez el vídeo de su boda.

Sí. Lo haremos de nuevo. Habiendo prensado las uvas del servicio, bebemos el más dulce vino de la vida: el vino de dar. Vivimos el momento más hermoso cuando estamos dando. De hecho, nos parecemos más a Dios cuando damos.

¿Te has preguntado por qué Dios da tanto? Podríamos existir con mucho menos. Pudo habernos dejado en un mundo plano y gris; no habríamos sabido establecer la diferencia. Pero no lo hizo así:

> Él hizo explotar naranjas en el amanecer
> y limpió el cielo para que luciera azul.
> Y si te gusta ver cómo se juntan los gansos,
> Hay muchas posibilidades que eso lo puedas ver también.

> ¿Tuvo Él que hacer esponjosa la cola de la ardilla?
> ¿Se vio obligado a hacer que los pajarillos cantaran?
> ¿Y la forma divertida en que las gallinas corren
> o la majestad del trueno que retumba?

> ¿Por qué dar a las flores aroma? ¿Por qué dar sabor a las comidas?

> ¿Podría ser
> que Él quiere ver
> todo eso reflejado en tu faz?

Si nosotros hacemos regalos para demostrar nuestro amor, ¿cuánto más no querría hacer Él? Si a nosotros –salpicados de flaquezas y orgullo- nos agrada dar regalos, ¿cuánto más Dios, puro y perfecto, disfrutará dándonos regalos a nosotros? Jesús preguntó: «Si vosotros, siendo malos, sabéis dar buenas dádivas a vuestros hijos, ¿cuánto más vuestro Padre que está en los cielos dará buenas cosas a los que le piden?» (Mateo 7.11).

Los regalos de Dios derraman luz en el corazón de Dios, el corazón bueno y generoso de Dios. Santiago, el hermano de Jesús, nos dice: «Toda buena dádiva y todo don perfecto desciende de lo alto, del Padre de las luces» (Santiago 1.17). Cada regalo revela el amor de Dios... pero ningún regalo revela su amor más que los regalos de la cruz. Estos venían, no envueltos en papel, sino en pasión. No estaban alrededor del arbolito, sino en una cruz. Sin cintas de colores, sino salpicados con sangre.

Los regalos de la cruz.

Mucho se ha dicho sobre el regalo de la cruz mismo, ¿pero, y los demás regalos? ¿Los clavos? ¿La corona de espinas? ¿El manto que se apropiaron los soldados? ¿Las ropas fúnebres? ¿Te has dado el tiempo de abrir estos regalos?

Tú sabes que no tenía ninguna obligación de dárnoslos. El único acto, lo único que se *requería* para nuestra salvación era el derramamiento de sangre, pero Él hizo mucho más que eso. Muchísimo más. Examina la escena de la cruz. ¿Qué encuentras?

Una esponja empapada en vinagre.

Un letrero.

Dos cruces a ambos lados de Cristo.

Los regalos divinos intentan activar ese momento, ese segundo cuando sus rostros se iluminan, sus ojos se abren, y Dios te va a oír susurrando: «¿Tú hiciste esto por mí?»

La diadema de dolor
Que conmovió tu dulce faz,
Tres clavos horadando carne y madera
Para mantenerte en ese lugar.

Yo entiendo la necesidad de la sangre.
Me abrazo a tu sacrificio.
¿Pero la esponja amarga, la lanza cortante,
La escupida en tu rostro?
¿Tenía que ocurrir eso en la cruz?

No hubo una muerte apacible
sino seis horas colgando entre la vida y la muerte,
todo estimulado por un beso de traición.

«Oh Padre», tú insistes,
corazón silencioso a lo que habría de ocurrir,
Siento preguntar, pero necesito saber:
«¿Tú hiciste esto por mí?»

¿Estaríamos dispuestos a hacer esta oración? ¿A tener tales pensamientos? ¿Será posible que el cerro de la cruz esté lleno de regalos de Dios? ¿Los examinamos? Desempacamos estos regalos de gracia quizás por primera vez. Y mientras los tocas y sientes la madera de la cruz y sigues las marcas dejadas por la corona y palpas las puntas de los clavos, te detienes y escuchas. Quizás lo oigas susurrándote:

«Sí. Yo hice esto por ti».

2

«YO COMPARTIRÉ TU LADO OSCURO»

LA PROMESA DE DIOS EN LA ESCUPIDA DEL SOLDADO

*El pecado oculto en la profundidad de los corazones
de los impíos los impulsará siempre a hacer lo malo.*

Salmos 36.1

---

*La vanidad está tan arraigada en el corazón del hombre
que... los que escriben contra ella quieren tener la gloria
de haber escrito bien; y los que los leen, desean
tener la gloria de haberlos leído.*

Blaise Pascal

---

*El corazón es engañoso sobre todas las cosas e incurable.
¿Quién lo entenderá?*

Jeremías 17.9

---

*El pecado, entendido en el sentido cristiano, es el precio
que hay que pagar a través de toda la existencia.*

Emil Brunner

---

*Oh tendencia a hacer lo malo, ¿cómo te has arrastrado
hasta cubrir la tierra con tu traición?*

Eclesiástico 37.3

Qué habría sido de la Bestia si la Bella no hubiera aparecido?

Tú conoces la historia. Hubo un tiempo cuando su rostro era hermoso y su palacio agradable. Pero eso era antes de la maldición, antes que las sombras cayeran sobre el castillo del príncipe, antes que las sombras cayeran sobre su corazón. Y cuando esto ocurrió, él se ocultó. Se recluyó en su castillo, con su hocico reluciente, sus colmillos encorvados y un talante horrible.

Pero todo eso cambió cuando llegó la joven. Me pregunto, ¿qué habría sido de la Bestia si la Bella no hubiera aparecido?

O, ¿qué habría pasado si ella no hubiera tenido la actitud que tuvo con él? ¿Quién habría podido reprocharla? Él era... ¡una bestia! Velludo. Le corría la baba. Rugía cuando quería decir algo. Su aspecto aterrorizaba. Y ella era una belleza. Adorable. Amable. Si en el mundo dos personas correspondieran fielmente a sus nombres, estas serían la Bella y la Bestia. ¿Quién habría podido criticarla si ella no le hubiera prestado atención? Pero ella lo hizo.

Y porque la Bella amó a la Bestia, esta llegó a ser más hermosa.

La historia nos resulta familiar, no porque sea un cuento de hadas sino porque nos recuerda a nosotros mismos. Dentro de cada uno de nosotros hay una bestia.

Pero no siempre fue así. Hubo un tiempo cuando el rostro de la humanidad era hermoso y el palacio agradable. Pero eso era antes de la maldición, antes que las sombras cayeran sobre el jardín de Adán, antes que las sombras cayeran sobre el corazón de Adán. Y a partir de la maldición, hemos sido diferentes. Bestiales. Feos. Despreciables. Cascarrabias. Hacemos las cosas que sabemos que no debemos hacer y después nos preguntamos por qué las hicimos.

La otra noche, seguramente la parte fea de mí mostró mi rostro de bestia. Me encontraba conduciendo mi vehículo por una carretera de dos carriles que estaban a punto de convertirse en uno solo. Una señora detrás de mí conducía su vehículo por el carril que continuaría. Yo estaba en el que desaparecería. Decidí que tenía que seguir delante de ella. Sin duda, mi agenda era mucho más importante que la de ella. Después de todo ¿no soy yo un hombre especial? ¿Un mensajero de amor? ¿Un embajador de paz?

Así es que aceleré.

¿Qué? Sí, ella lo hizo también. Cuando mi carril se terminó, ella estaba centímetros adelante. Refunfuñé, pero dejé que me adelantara. Mirando por sobre su hombro, ella me hizo una seña de adiós con su cara llena de risa. Grrrr.

Quise encender las luces de mi auto, pero me detuve; sin embargo, la parte siniestra de mí saltó para decirme: «¿Por qué no? ¿No has sido llamado a proyectar luz en los lugares oscuros? ¿A iluminar las sombras?»

Así es que puse las luces altas que chocaron violentamente contra su espejo retrovisor.

Ella se vengó disminuyendo la marcha. Ahora iba a la vuelta de la rueda. ¡Esta dama se las traía! No se habría apurado aunque hubiese sabido que toda la ciudad de San Antonio estaba atrasada. No pasaba de las quince millas por hora. Yo, ante esa situación, no estaba dispuesto a quitar las luces de su espejo retrovisor. Como dos burros taimados, ella se mantuvo avanzando lentamente y yo alumbrándola. Después de una serie de pensamientos que no me atrevo a expresar, el camino se amplió de nuevo de modo que empecé a tratar de pasarla. ¿Y sabes qué vino ahora? En una intersección, una luz roja nos dejó parados uno al lado del otro. Lo que ocurrió entonces contiene buenas y malas noticias. La buena es que me hizo un gesto con la mano. La mala es que mejor no trates de imaginarte en qué consistió su gesto.

Momentos después, comenzó el remordimiento. «¿Por qué habré hecho eso?» Yo soy, por naturaleza, un tipo tranquilo, pero esta vez y por quince minutos, me comporté como una bestia. Solo dos cosas me tranquilizan. Una, que no tengo la figura de un pez adherida a mi auto; y dos, que el apóstol tuvo problemas similares. «No hago lo que quiero, sino lo que no quiero, eso hago» (Romanos 7.15). ¿Alguna vez se han aplicado estas palabras también a ti?

Si la respuesta es afirmativa, entonces estás en buena compañía. Pablo no es el único personaje de la Biblia que tuvo que trenzarse a golpes con la bestia que había dentro de él. Difícilmente se podría encontrar una página de la Escritura donde el animal no muestre los dientes. El rey Saúl atacando al joven David con una lanza. Siquem violando a Dina. Los hermanos de Dina (los hijos de Jacob) dando muerte a Siquem y sus amigos. Lot tratando de negociar con los hombres de Sodoma y luego huyendo apresuradamente de allí. Herodes asesinando a los niños de Belén. Otro de los Herodes dando muerte al primo de Jesús. Si a la Biblia se la conoce como el Libro de Dios, no es precisamente porque la gente que aparece en ella hayan sido unos santitos. A través de sus páginas la sangre corre tan libremente como la tinta a través de la pluma que las relata. Pero la maldad de la bestia nunca fue tan grande como el día que Cristo murió.

Los discípulos primero fueron rápidos para quedarse dormidos y luego fueron rápidos para irse.

Herodes quería montar un espectáculo.

Pilato quería quitárselo de encima.

¿Y los soldados? Querían sangre.

Así es que azotaron a Jesús. El azote legionario estaba formado por tiras de cuero con pequeñas bolas de plomo en sus puntas. Lo que se quería conseguir con eso era golpear al acusado hasta dejarlo medio muerto y luego parar. La ley permitía treinta y nueve azotes, pero casi nunca se llegaba a este número. Un centurión vigilaba la condición del preso. Cuando le soltaron las manos y se desplomó, no hay duda que Jesús estaba cerca de la muerte.

Los azotes fueron lo primero que hicieron los soldados.

La crucifixión fue lo tercero. (No, no me he saltado la segunda cosa. Volveremos a eso en un momento.) Aunque su espalda estaba completamente destrozada por los azotes, los soldados pusieron el travesaño de la cruz sobre los hombros de Jesús e iniciaron así la marcha hacia el Lugar de la Calavera donde lo ejecutaron.

No culpamos a los soldados por estas dos acciones. Después de todo, solo cumplían órdenes. Pero lo que cuesta entender es lo que hicieron mientras tanto. Esta es la descripción que hace Mateo:

> Jesús fue golpeado con azotes y entregado a los soldados para que lo crucificaran. Los soldados del gobernador llevaron a Jesús al palacio del gobernador y allí se reunieron alrededor de él. Le quitaron la ropa y le pusieron una túnica roja. Usando ramas con espinas, hicieron una corona, se la pusieron en la cabeza y le pusieron un palo en su mano derecha. Luegos los soldados se inclinaron ante Jesús y se mofaron de él, diciendo: «¡Salve, Rey de los judíos!» Y lo escupieron. Luego le quitaron el palo y empezaron a golpearlo con él en la cabeza. Después que hubieron terminado de hacerlo, le sacaron la túnica y lo volvieron a vestir con su ropa. Y lo sacaron para crucificarlo (Mateo 27.26-31).

La tarea de los soldados no era otra que llevar al nazareno al cerro y ejecutarlo. Pero ellos tenían otra idea. Antes de matarlo, querían divertirse un poco con él. Soldados robustos, armados y descansados formaron un círculo alrededor de un carpintero de Galilea desfalleciente y casi muerto, y se dedicaron a golpearlo.

Los azotes fueron ordenados, lo mismo que la crucifixión. ¿Pero quién podría encontrar placer en escupir a un hombre medio muerto?

Jamás un escupitajo puede herir el cuerpo. No puede. Se escupe para hacer daño en el alma, y ahí sí que es efectivo. ¿Qué era lo que los soldados estaban haciendo? ¿No se estaban elevando a expensas de otro? Se sentían grandes a través de empequeñecer a Cristo.

¿No has hecho eso tú también alguna vez? Quizás nunca hayas escupido a alguien, pero sí has hablado mal de él (o de ella). O quizás lo has calumniado. ¿Has alzado alguna vez tu mano impulsado por la ira, o quitado la vista con arrogancia? ¿Has alguna vez lanzado tus luces altas sobre el espejo retrovisor de alguien? ¿Has alguna vez hecho que alguien se sienta mal para tú sentirte bien?

Eso fue lo que los soldados hicieron a Jesús. Cuando tú y yo hacemos lo mismo, también se lo estamos haciendo a Jesús. «Te puedo asegurar que cuando lo hiciste a uno de los últimos de estos mis hermanos y hermanas, me lo estabas haciendo a mí» (Mateo 25.40). Como tratamos a los demás, así tratamos a Jesús.

«No Max, no me gusta oírte decir esas cosas», protestas tú. Créeme, a mí tampoco me gusta decirlas, pero debemos enfrentar el hecho que hay algo bestial dentro de cada uno de nosotros. Alguien que nos hace hacer cosas que aun a nosotros nos sorprenden. ¿No te has sorprendido a ti mismo? ¿No te has visto reflejado en algo que has hecho y que te ha hecho preguntarte: «¿Qué hay dentro de mí?»

Para esa pregunta, la Biblia tiene una respuesta de seis letras: P-E-C-A-D-O. Hay algo malo –bestial– dentro de cada uno de nosotros. «Por naturaleza somos hijos de ira» (Efesios 2.3). No es que no podamos hacer lo bueno. Lo hacemos. Lo que pasa es que no podemos dejar de hacer lo malo. En términos teológicos estamos «totalmente depravados». Aunque hechos a la imagen de Dios, hemos caído. Tenemos corrompido el corazón. El centro de nuestro ser es egoísta y perverso. David dijo: «Nací en pecado, sí, desde el momento en que mi madre me concibió» (Salmo 51.5). ¿Podría alguien de nosotros decir menos que eso? Todos hemos nacido con una tendencia a pecar. La depravación es un estado universal. La Escritura lo dice claramente:

> Como ovejas nos hemos extraviado; cada uno se ha ido por su propio camino (Isaías 53.6).

> El corazón es engañoso sobre todas las cosas, y perverso. ¿Quién podría entenderlo? (Jeremías 17.9)

> No hay justo ni aun uno... Todos han pecado y no han alcanzado la gloria de Dios (Romanos 3.10, 23).

Es posible que alguien no esté de acuerdo con palabras tan fuertes; quizás tal persona podría mirar a su alrededor y decir: «Comparado con fulano, yo soy una persona decente». Un cerdo podría decir lo mismo. Podría mirar a sus pares y declarar: «Estoy tan limpio como cualquiera de estos». Comparado con un ser humano, sin embargo, ese cerdo necesita ayuda. Comparados con Dios, nosotros los humanos necesitamos lo mismo. La medida para la santidad no se encuentra entre los cerdos de la tierra sino en el trono del cielo. Dios mismo es la medida.

Nosotros somos unas bestias. Como el ensayista francés Michel de Montaigne dijo: «No hay hombre tan bueno que, si sometiera todos sus pensamientos y actos a las leyes, no merezca ser colgado diez veces en su vida».[1] Nuestras obras son feas. Nuestros actos son rudos. No hacemos lo que queremos, no nos gusta lo que hacemos y, lo que es peor (sí hay aun algo peor), no podemos cambiar.

Tratamos de hacerlo, ah, sí que tratamos. Pero, «¿Podría un leopardo cambiar sus manchas? De la misma manera Jerusalén, tú no puedes cambiar y ser buena porque estás acostumbrada a hacer el mal» (Jeremías 13.23). El apóstol coincide con el profeta: «La mente que es según la carne es hostil a Dios; no se somete a la ley de Dios *porque no puede*» (Romanos 8.7, énfasis mío).

¿Aun disientes? ¿Aun piensas que la afirmación es demasiado violenta? Si es así, acepta este reto. Durante las siguientes veinticuatro horas trata de vivir una vida sin pecado. No te estoy pidiendo una década de santidad, ni un año, ni siquiera un mes. Solo un día. ¿Te atreves a intentarlo? ¿Podrías vivir un día sin pecar?

¿No? ¿Y una hora? ¿Estarías en condiciones de prometer que por los siguientes sesenta minutos tendrás solo pensamientos y acciones puros?

¿Sigues indeciso? ¿Y cinco minutos? Cinco minutos libres de ansiedades, de irritación, de ausencia de orgullo. ¿Qué te parece cinco minutos?

¿No? Ni yo tampoco.

Esto quiere decir que tenemos un problema: Somos pecadores, y «el salario del pecado es la muerte» (Romanos 6.23).

Tenemos un problema: No somos santos, y «nadie cuya vida no sea santa verá jamás al Señor» (Hebreos 12.14).

Tenemos un problema: Somos malos, y «los malos recibirán castigo» (Proverbios 10.16).

¿Qué podemos hacer?

Deja que los escupitajos de los soldados simbolicen la inmundicia en nuestros corazones. Y luego observa lo que hace Jesús con nuestra inmundicia. La lleva a la cruz.

A través del profeta, él dice: «Yo no escondí mi rostro de las burlas y los escupitajos» (Isaías 50.6). Mezclada con su sangre y su sudor estaba la esencia de nuestro pecado.

Dios pudo haber hecho las cosas de otra manera. Según el plan de Dios, a Jesús se le ofreció vinagre para su garganta;

entonces, ¿por qué no una toalla para su rostro? Simón cargó con la cruz de Jesús, pero no limpió las mejillas de Jesús. Los ángeles estaban a tiro de oración. ¿No podían ellos limpiar los escupitajos?

Podían, pero Jesús no les dio la orden para que lo hicieran. Por alguna razón, Aquel que escogió los clavos también escogió la saliva. Además de la lanza y la esponja del hombre, soportó el escupitajo del hombre. ¿Por qué? ¿Será que él pudo ver la belleza que había en la bestia?

Pero aquí termina la comparación con *la Bella y la Bestia*. En la fábula, la bella besa a la bestia. En la Biblia, la Bella hace mucho más. Se hace la bestia para que esta llegue a ser la bella. Jesús cambia lugar con nosotros. Nosotros, como Adán, estábamos bajo maldición, pero Jesús «cambió lugar con nosotros y se puso a sí mismo bajo esa maldición» (Gálatas 3.13).

¿Qué habría ocurrido si la Bella no hubiese venido? ¿O que no se hubiera interesado en nosotros? Habríamos permanecido siendo bestias. Pero la Bella vino, y la Bella se preocupó de nosotros.

El que estaba sin pecado tomó la forma de un pecador para que nosotros, pecadores, pudiéramos tomar la forma de un santo.

3

«YO LOS AMÉ TANTO QUE ME HICE COMO UNO DE USTEDES»

La promesa de Dios en la corona de espinas

Dios se agradó que todo él viviera en Cristo.

Colosenses 1.19

---

*La Palabra se hizo carne e hizo su morada entre nosotros.
Hemos visto su gloria, la gloria del Unigénito, quien vino
del Padre, lleno de gracia y verdad.*

Juan 1.14

Yo y el Padre somos uno.

Juan 10.30

---

*Ustedes fueron comprados, no con algo que perece como
el oro y la plata, sino con la sangre preciosa de Cristo, quien
fue como un cordero puro y perfecto. Cristo fue escogido
antes de que el mundo fuera hecho, pero fue mostrado
al mundo en estos últimos tiempos para su beneficio.*

1 Pedro 1.18-20

---

*Él no solo entendió perfectamente nuestro caso y nuestro
problema, sino que lo ha resuelto moral, activamente
y para siempre.*

P.T. Forsyth

$\mathcal{S}$abes qué es lo más maravilloso sobre el regreso de Cristo? ¿Sabes cuál es la parte más notable de la encarnación?

No solo que cambió eternidad por calendarios. Aunque tal cambio merece nuestra atención.

La Escritura dice que el número de los años de Dios es inescrutable (Job 36.26). Podemos ir para atrás en la historia hasta el momento en que la primera onda del mar besó las orillas, o la primera estrella alumbró en el cielo, pero nunca lograremos establecer el momento exacto en que Dios fue Dios, porque ese momento no existe. No hay un momento en que Dios no haya sido Dios. Él nunca *no ha sido*, porque es eterno. Dios no está sujeto al tiempo.

Pero todo esto cambió cuando Jesús vino a la tierra. Por primera vez oyó una frase que no se usaba en el cielo: «Ha llegado la hora». Cuando era un niño, tuvo que abandonar el Templo porque había llegado el momento de hacerlo. Cuando era ya un hombre, tuvo que salir de Nazaret porque era el tiempo en que tenía que salir de allí. Como Salvador, tuvo que morir porque el tiempo de hacerlo había llegado. Durante treinta y tres años, el semental del cielo tuvo que vivir en el corral del tiempo.

Esto es, ciertamente, notable, pero todavía hay más.

¿Quieres ver la joya más brillante del tesoro de la encarnación? Quizás pienses que sea el tener que vivir dentro de un cuerpo. En un momento, él era un espíritu sin limitaciones, y al siguiente, era carne y huesos. ¿Recuerdas estas palabras del rey David? «¿A dónde puedo irme para alejarme de tu Espíritu? ¿A dónde huiré de ti? Si subo al cielo, allí estás tú. Si bajo a la tumba, allí tú estás. Si me levanto con el sol en el este y me pongo en el oeste más allá del mar, incluso allí me guiarás tú» (Salmos 139.7-10).

Nuestra pregunta: «¿Dónde está Dios?» es como si un pez preguntara: «¿Dónde está el agua?» O un pajarillo preguntara: «¿Dónde está el aire?» ¡Dios está en todas partes! Igualmente en Pekín que en Peoria. Tan activo en las vidas de los esquimales como en las de los tejanos. El dominio de Dios es «de mar a mar, y desde el río hasta los confines de la tierra» (Salmos 72.8). No hay un lugar donde no esté Dios.

Pero cuando Dios entró en el tiempo y llegó a ser un ser humano, el que era infinito llegó a ser finito. Quedó preso en la carne. Restringido por músculos y párpados con tendencia al cansancio. Por más de tres décadas, su una vez alcance ilimitado se vio restringido al largo del brazo y su velocidad al paso del pie de un hombre.

Me pregunto: «¿Estuvo alguna vez tentado a recuperar su infinitud? ¿Habrá considerado, en medio de un largo viaje, trasladarse milagrosamente a la siguiente ciudad? ¿Se habrá sentido tentado alguna vez, cuando la lluvia fría entumecía sus huesos, cambiar las condiciones climáticas? ¿Y no habrá querido, cuando el calor secaba sus labios, sumergirse en el Caribe en busca de alivio?

Si alguna vez tuvo estos pensamientos, nunca cedió a ellos. Ni una sola vez. Jamás usó Cristo sus poderes sobrenaturales para beneficio personal. Con una sola palabra habría podido transformar la dura tierra en suave lecho, pero no lo hizo.Con un movimiento de su mano pudo haber devuelto en el aire los escupitajos de sus acusadores y hacer blanco en sus rostros, pero no lo hizo. Con un levantar de sus cejas pudo haber paralizado el brazo del soldado que le incrustaba la corona de espinas. Pero no lo hizo.

Notable. ¿Pero será esto lo más extraordinario de su venida? Muchos quizás digan que no. Otros tantos, quizás en mayor número, es posible que apunten más allá de su condición de infinito, a su condición de impecabilidad. Es fácil comprender por qué.

¿No es este el mensaje de la corona de espinas?

Un soldado no identificado tomó ramas: suficientemente maduras como para tener espinas, suficientemente flexibles como para doblarse e hizo con ellas una corona de escarnio, una corona de espinas.

A través de la Escritura las espinas simbolizan, no el pecado, sino la consecuencia del pecado. ¿Recuerdas el Edén? Después que Adán y Eva hubieron pecado, Dios maldijo la tierra: «Así es que pondré una maldición en la tierra... La tierra producirá espinas y maleza para ti, y tú comerás las plantas del campo» (Génesis 3.17-18). Zarzas en la tierra son el producto del pecado en el corazón.

Esta verdad halla eco en las palabras de Dios a Moisés. Ordenó a los israelitas limpiar la tierra de los pueblos impíos. Habría problemas si desobedecían. «Pero si no echan a estos pueblos fuera de la tierra, les traerán dificultades. Serán como afilados cuchillos en sus ojos y espinas en sus costados» (Números 33.55).

La rebelión produce espinas. «La vida de la gente mala es como camino cubierto con espinas y trampas» (Proverbios 22.5). Incluso Jesús comparó la vida de la gente perversa a espinos. Al hablar de los profetas falsos, dijo: «Conocerán a estas gentes por lo que hacen. Los espinos no pueden producir uvas, y los abrojos no pueden producir higos» (Mateo 7.16).

El fruto del pecado es espinas. Púas, lancetas afiladas que cortan.

Pongo especial énfasis en las espinas para decirte algo en lo cual quizás nunca habías pensado: Si el fruto del pecado es espinas, ¿no es la corona de espinas en las sienes de Cristo un cuadro del fruto de nuestro pecado que atravesó su corazón?

¿Cuál es el fruto del pecado? Adéntrate en el espinoso terreno de la humanidad y sentirás unas cuantas punzadas. Vergüenza. Miedo. Deshonra. Desaliento. Ansiedad. ¿No han nuestros corazones quedado atrapados en estas zarzas?

No ocurrió así con el corazón de Jesús. Él nunca ha sido dañado por las espinas del pecado. Él nunca conoció lo que tú y yo enfrentamos diariamente. ¿Ansiedad? ¡Él nunca se turbó! ¿Culpa? Él nunca se sintió culpable. ¿Miedo? Él nunca se alejó de la presencia de Dios. Jesús nunca conoció los frutos del pecado... hasta que se hizo pecado por nosotros.

Y cuando tal cosa ocurrió, todas las emociones del pecado se volcaron sobre él, como sombras en una foresta. Se sintió ansioso, culpable, solo. ¿No lo ves en la emoción de su clamor?: «Dios mío, Dios mío, ¿por qué me has desamparado?» (Mateo 27.46). Estas no son las palabras de un santo. Es el llanto de un pecador.

Y esta oración es una de las partes más destacadas de su venida. Pero aun puedo pensar en algo todavía más grande. ¿Quieres saber qué es? ¿Quieres saber qué es lo más maravilloso de su venida?

No es que Aquel que jugaba canicas con las estrellas haya renunciado a eso para jugar con canicas comunes.

No es que él, en un instante, haya pasado de no necesitar nada a necesitar aire, comida, un chorro de agua caliente y sales para sus pies cansados y, más que todo eso, necesitaba a alguien –cualquiera– que estuviera más preocupado sobre dónde iría a pasar la eternidad que dónde gastaría su cheque del viernes.

No que haya mantenido la calma mientras la docena de sus mejores amigos sintieron el calor y se apresuraron a salir de la cocina. Ni que no haya dado la orden a los ángeles, que le rogaban: «Solo danos la orden, Señor. Una sola palabra y estos demonios se transformarán en huevos revueltos».

No que se haya negado a defenderse cuando cargó con cada pecado de cada disoluto desde Adán. Ni que haya guardado silencio mientras un millón de veredictos de culpabilidad resonaban en el tribunal del cielo y el dador de la luz quedaba en medio de la fría noche de los pecadores.

Ni siquiera que después de aquellos tres días en el hueco oscuro haya salido al sol de la Pascua con una sonrisa y un contoneo y una pregunta para el humillado Lucifer: «¿Fue ese tu mejor golpe?»

Eso fue fantástico, increíblemente fantástico.

¿Pero quieres saber que fue lo más maravilloso de Aquel que cambió la corona de los cielos por una corona de espinas?

Que lo hizo por ti. Sí, por ti.

4

«YO TE PERDONO»

La promesa de Dios en los clavos

---

*Él perdonó todos nuestros pecados. Él canceló la deuda,
que incluía la lista de todas las leyes que habíamos violado.
Él quitó la lista con las leyes y la clavó en la cruz.*

Colosenses 2.13-14

---

*Cuando decimos que los méritos de Cristo proveen la gracia
para nosotros estamos diciendo que hemos sido purificados
por su sangre, y que su muerte fue una expiación
por nuestros pecados.*

Juan Calvino

---

*No hay diferencia, porque todos hemos pecado y hemos
quedado fuera de la gloria de Dios, y somos justificados
libremente por su gracia mediante la redención que vino
por Cristo Jesús. Dios se ofreció como un sacrificio de
expiación mediante la fe en su sangre.*

Romanos 3.22-25

---

*Para todos de una vez todos los pecados son expiados en la
Cruz, toda la Caída es borrada, y toda la sujeción
a Satanás y toda la sentencia producto de la caída de Adán
es borrada, cancelada y anulada por los clavos de Jesús.*

Conde Nicolás Ludwig von Zinzendorf

*É*l nunca me habría pedido que guardara la lista. No me atreví a mostrársela. Es un excelente constructor, un amigo muy querido. Él nos ha construido una gran casa. Pero la casa tiene sus fallas.

Solo esta semana me di cuenta de ellas. Porque no fue sino hasta esta semana que empecé a vivir en la casa. Una vez que te estableces en un lugar, te percatas de cada detalle.

«Haz una lista de todo», me dijo.

«Está bien».

La puerta de uno de los dormitorios no cierra. La ventana del cuarto de guardar cosas está rota. Alguien olvidó instalar el toallero en el cuarto de las niñas. Alguien también olvidó colocar la perilla en el estudio. Como dije, la casa es preciosa pero la lista suma y sigue.

Al mirar la lista de los errores cometidos por los constructores, pensé en que Dios seguramente está haciendo una lista de mí. Después de todo ¿no ha hecho Él su residencia en mi corazón? Y si veo defectos en mi casa, imagínate lo que Él verá en mí. ¿Te atreverías a pensar en la lista que Él estará haciendo de tu vida?

Los goznes de la puerta del cuarto de oración se han enmohecido debido a que la puerta no se abre casi nunca.

La estufa llamada celos está sobrecalentada.

El piso del ático está recargado con demasiados lamentos.

El sótano está hasta el tope de secretos.

¿No habría alguien que quisiera correr el postigo y liberar el aire de pesimismo de este corazón?

La lista de nuestras debilidades. ¿Querrías ver la tuya? ¿Te gustaría hacerla pública? ¿Cómo te sentirías si fuera exhibida de modo que todos, incluyendo Cristo mismo, pudiera verla?

¿Quieres que te lleve al momento en que tal cosa ocurrió?

Sí, hay una lista de tus fracasos. Cristo ha escrito tus defectos. Y sí, esa lista se ha hecho pública. Pero tú no la has visto. Ni yo tampoco.

Ven conmigo al cerro del Calvario y te diré por qué.

Observa a los que empujan al Carpintero para que caiga y estiran sus brazos sobre el madero travesaño. Uno presiona con su rodilla sobre el antebrazo mientras pone un clavo sobre su mano. Justo en el momento en que el soldado alza el martillo, Jesús vuelve la cabeza para mirar el clavo.

¿No pudo Jesús haber detenido el brazo del soldado? Con un leve movimiento de sus bíceps, con un apretón de su puño pudo haberse resistido. ¿No se trataba de la misma mano que calmó la tempestad, limpió el templo y derrotó a la muerte?

Pero el puño no se cerró... y nada perturbó el desarrollo de la tarea.

El mazo cayó, la piel se rompió y la sangre empezó a gotear y luego a manar en abundancia. Vinieron entonces las preguntas: ¿Por qué? ¿Por qué Jesús no opuso resistencia?

«Porque nos amaba», contestamos. Es verdad. Una verdad maravillosa aunque, perdóname, una verdad parcial. Él tuvo más que esa razón. Vio algo que lo hizo mantenerse sumiso. Mientras el soldado le presionaba el brazo Jesús volvió la cabeza hacia el otro lado, y con su mejilla descansando sobre el madero, vio:

¿Un mazo? Sí.

¿Un clavo? Sí.

¿La mano del soldado? Sí.

Pero vio algo más. Vio la mano de Dios. Parecía la mano de un hombre. Dedos largos y manos callosas, como los de un carpintero. Todo parecía normal, pero estaba lejos de serlo.

Esos dedos formaron a Adán del barro y escribieron verdades en tablas de piedra.

Con un movimiento, esta mano derribó la torre de Babel y abrió el Mar Rojo.

De esta mano fluyeron las langostas que cubrieron Egipto y los cuervos que alimentaron a Elías.

¿Podría sorprender a alguien que el salmista celebrara la liberación, diciendo: «Tú dirigiste a las naciones con tu mano... Fue tu mano derecha, tu brazo y la luz de tu complacencia» (Salmos 44.2-3).

La mano de Dios es una mano poderosa.

Oh, las manos de Jesús. Manos de encarnación en su nacimiento. Manos de liberación al sanar. Manos de inspiración al enseñar. Manos de dedicación al servir. Y manos de salvación al morir.

La multitud en la cruz entendió que el propósito al martillar era clavar las manos de Cristo a un madero. Pero esto es solo la mitad de la verdad. No podemos culparlos por no ver la otra mitad. No podían verla. Pero Jesús sí. Y el cielo. Y nosotros.

A través de los ojos de la Escritura vemos lo que otros no vieron pero Jesús sí vio. «Él dejó sin efecto el documento que contenía los cargos contra nosotros. Los tomó y los destruyó, clavándolos a la cruz de Cristo» (Col. 2.14).

Entre sus manos y la madera había una lista. Una larga lista. Una lista de nuestras faltas: nuestras concupiscencias y mentiras y momentos de avaricia y nuestros años de perdición. Una lista de nuestros pecados.

Suspendida de la cruz hay una lista pormenorizada de tus pecados. Las malas decisiones del año pasado. Las malas actitudes de la semana pasada. Allí abierta a la luz del día para que todos los que están en el cielo puedan verla, está la lista de tus faltas.

Dios ha hecho con nosotros lo que yo estoy haciendo con nuestra casa. Ha hecho una lista de nuestras faltas. Sin embargo, la lista que Dios ha hecho no se puede leer. Las palabras no se pueden descifrar. Los errores están cubiertos. Los pecados están escondidos. Los que están al principio de la lista están ocultos por su mano; los de debajo de la lista están cubiertos por su sangre. Tus pecados están «borroneados» por Jesús. «Él te ha perdonado todos tus pecados: él ha limpiado completamente la evidencia escrita de los mandamientos violados que siempre estuvieron sobre nuestras cabezas, y los ha anulado completamente al ser clavado en la cruz» (Colosenses 2.14).

Por esto es que no cerró el puño. ¡Porque vio la lista! ¿Qué lo hizo resistir? Este documento, esta lista de tus faltas. Él sabía que el precio de aquellos pecados era la muerte. Él sabía que la fuente de tales pecados eras tú, y como no pudo aceptar la idea de pasar la eternidad sin ti, escogió los clavos.

La mano que clavaba la mano no era la de un soldado romano.

La fuerza detrás del martillo no era la de una turba enfurecida.

El veredicto detrás de la muerte no fue una decisión de judíos celosos.

Jesús mismo escogió los clavos.

Por eso, la mano de Jesús se abrió. Si el soldado hubiera vacilado, Jesús mismo habría alzado el mazo. Él sabía cómo. Para él no era extraño clavar clavos. Como carpintero sabía cómo hacerlo. Y como Salvador, sabía lo que eso significaba. Sabía que el propósito del clavo era poner tus pecados donde pudieran ser escondidos por su sacrificio y cubiertos por su sangre.

De modo que Jesús mismo usó el martillo.

La misma mano que calmó la mar borra tu culpa.

La misma mano que limpió el templo limpia tu corazón.

La mano es la mano de Dios.

El clavo es el clavo de Dios.

Y como las manos de Jesús se abrieron para el clavo, las puertas del cielo se abrieron para ti.

5

«TE HABLARÉ EN TU PROPIO IDIOMA»

La promesa de Dios a través del letrero

Escribió Pilato un letrero y lo puso en la cruz. Decía:
Jesús de Nazaret, el rey de los judíos.

Juan 19.19

De modo que la fe viene por lo que se oye, y lo que se oye
viene a través de la palabra de Cristo.

Romanos 10.17

Estoy seguro que cuando suba al púlpito para predicar o me
pare ante el atril para leer, no es mi palabra, sino que mi
lengua es el lápiz de un escritor dispuesto.

Martin Lutero

$\mathcal{M}$ ucho antes de contraer matrimonio, ya yo sabía de la importancia de leer las señales de la esposa. Sabio es el hombre que aprende el lenguaje no verbal de su esposa, que discierne las señales y sabe interpretar los gestos. No es simplemente lo que se dice, sino cómo se dice. No es solo cómo, sino cuándo. No es solo cuándo, sino dónde. El buen marido es aquel que sabe descifrar. Hay que leer las señales.

Creía que aquel fin de semana en Miami yo estaba haciendo un buen trabajo. Llevábamos solo unos meses de casados y tendríamos visitas en nuestro departamento. Yo había invitado a un predicador para el domingo, esperando que viniera y estuviera con nosotros desde el sábado por la noche. Riesgosa decisión la mía ya que el hombre no era un aprendiz recién salido del aula sino que era un antiguo y distinguido profesor. Y no cualquier profesor, sino un especialista en relaciones familiares. ¡Qué tal! Nuestra nueva familia iba a tener de invitado a un especialista en familia!

Cuando Denalyn lo supo, me mandó una señal. Una señal verbal: «Será mejor que limpiemos la casa». El viernes por la noche, me mandó otra señal, esta vez no verbal. Se puso sobre sus rodillas y empezó a restregar el piso de la cocina. Yo, por dicha, uní las dos señales, agarré el mensaje y me dispuse a cooperar.

Pensé: «¿Qué puedo hacer?» Uno nunca debe inclinarse por los trabajos demasiado sencillos, así es que pasé por sobre el polvo y la aspiradora buscando algo más importante que hacer. Después de una detenida inspección, se me ocurrió lo que parecía perfecto. Pondría fotografías en un álbum de pared. Uno de nuestros regalos de boda había sido un álbum de este tipo. Todavía no lo habíamos desempacado, ni aun lo habíamos llenado. Pero todo eso cambiaría aquella noche.

De modo que me puse a trabajar. Con Denalyn restregando el piso detrás de mí y a mi lado una cama sin arreglar, volqué en frente mío una caja de zapatos llena de fotos y empecé a ponerlas en el álbum. (No sé en qué estaba pensando, supongo que decirle a la visita: «Oiga, vaya a la lavandería y fíjese en la colección de fotos que tenemos en la pared».)

Había perdido el mensaje. Cuando Denalyn, con un frío en su voz capaz de congelar a cualquiera me preguntó qué estaba haciendo, seguí sin captar el mensaje. «Poniendo fotos en un álbum de pared», le contesté, plenamente satisfecho. Por la siguiente media hora, Denalyn se mantuvo en silencio. ¿Y yo? De lo más tranquilo. Supuse que estaría orando, dando gracias a Dios por el marido tan maravilloso que le había dado. O que quizás estaría pensando: «Ojalá que después que termine con las fotos, empiece con el álbum de recortes».

Pero ella no estaba pensando eso. El primer indicio de que algo no estaba saliendo bien lo tuve cuando finalmente, después de haber limpiado ella sola todo el departamento, me dijo, a modo de despedida: «Me voy a la cama. Estoy furiosa. Mañana por la mañana te voy a decir por qué».

¡Uyuyuy!

A veces dejamos de ver las señales. (Aun ahora, es posible que un varón de corazón bondadoso y despistado se esté preguntando: «¿Por qué se habrá puesto furiosa la señora?» Vas a aprender, mi amigo, vas a aprender.)

El que enmarca nuestro destino está acostumbrado a nuestra estupidez. Dios sabe que a veces no vemos las señales.

Quizás por eso nos ha dado tantas. El arco iris después del diluvio se refiere al pacto de Dios. La circuncisión identifica a los elegidos de Dios y las estrellas hacen referencia al tamaño de su familia. Aun hoy día, vemos señales en la iglesia del Nuevo Testamento. La Santa Cena es una señal de su muerte, y el bautismo es una señal de nuestro nacimiento espiritual. Cada una de estas señales simboliza una tremenda verdad espiritual.

Sin embargo, la señal más patética la encontramos sobre la cruz. Un anuncio en tres idiomas, escrito a mano, ejecutado por orden del Imperio Romano.

Pilato escribió un letrero y lo puso sobre la cruz. En él se leía: Jesús de Nazaret, rey de los judíos. El letrero fue escrito en hebreo, en latín y en griego. Mucha de la gente lo leyó, porque el lugar donde Jesús fue crucificado estaba cerca de la ciudad. Los principales sacerdotes dijeron a Pilato: «No escribas, "El rey de los judíos", sino escribe: "Este hombre dijo: 'Yo soy el rey de los judíos'"».

Pilato les respondió: «Lo que he escrito, he escrito» (Juan 19.19-22).

¿Por qué un letrero sobre la cabeza de Jesús? ¿Por qué esas palabras perturbaban a los judíos y por qué Pilato rehusó cambiarlas? ¿Por qué el letrero escrito en tres idiomas y por qué el letrero aparece mencionado en los cuatro Evangelios?

De todas las posibles respuestas a estas preguntas, vamos a concentrarnos en una. ¿Será que este pedazo de madera es un cuadro de la devoción de Dios? ¿Un símbolo de su pasión para decirle al mundo acerca de su Hijo? ¿Un recordatorio que Dios hará lo que sea para compartir contigo el mensaje de este anuncio? Para mí que el letrero revela dos verdades sobre el deseo de Dios de alcanzar al mundo.

No hay persona que Él no use

Nota que el letrero da frutos de inmediato. ¿Recuerdas la reacción del criminal? Poco antes de su propia muerte, en un torbellino de dolor, dijo: «Jesús, acuérdate de mí cuando vengas en tu reino» (Lucas 23.42).

Qué interesante la selección de palabras. Él no dice: «Sálvame». No ruega: «Ten misericordia de mi alma». Su apelación es la de un siervo a un rey. ¿Por qué? ¿Por qué se refiere al reino de Jesús? Quizás había oído hablar a Jesús. Quizás estaba al tanto de las afirmaciones que hacía Jesús de sí mismo. O, más probablemente, quizás había leído el letrero: «Jesús de Nazaret, rey de los judíos».

Lucas parece hacer la conexión entre el lector del letrero y el que hace la petición. En un versículo, escribe: «En la parte alta de la cruz se escribieron estas palabras: Este es el rey de los judíos» (Lucas 23.38). Cuatro breves versículos más adelante leemos la petición del ladrón: «Jesús, acuérdate de mí cuando vengas en tu reino».

El ladrón sabe que está metido en un ambiente real. Vuelve la cabeza y lee una proclamación real y pide ayuda real. Así de sencillo. De haber sido así, el letrero fue el primer recurso usado para proclamar el mensaje de la cruz. Incontables otros han seguido, desde la página impresa a la radio, a las cruzadas multitudinarias, al libro que tienes en tus manos. Todo esto fue precedido por un rústico anuncio en un pedazo de madera. Y gracias a ese letrero, un alma se salvó. Todo porque alguien colocó un letrero sobre una cruz.

Yo no sé si los ángeles entrevistan a los que van a entrar en el cielo, pero si lo hacen, la entrevista a este debió de haber sido muy divertida. Imagínate al ladrón arribando al Centro de Procesamiento de las Puertas de Perlas.

Ángel: Tome asiento. Ahora, dígame... señor... hum... ladrón, ¿cómo llegó a ser salvo?

Ladrón: Solo le pedí a Jesús que se acordara de mí en su reino. La verdad es que no esperaba que todo ocurriera tan rápido.

Ángel: Ya veo. ¿Y cómo supo que era un rey?

Ladrón: Había un letrero sobre su cabeza: «Jesús de Nazaret, rey de los judíos». Yo creí en lo que decía el
letrero y... aquí estoy.

Ángel: *(Tomando nota en una libreta)* Creyó... un... letrero.

Ladrón: Exactamente. El letrero lo puso allí alguien de
nombre Juan.

Ángel: No lo creo.

Ladrón: Hmmm. Quizás fue el otro seguidor, Pedro.

Ángel: No. Tampoco fue Pedro.

Ladrón: ¿Entonces cuál de los apóstoles lo puso?

Ángel: Bueno, si en verdad quiere saberlo, el letrero fue
idea de Pilato.

Ladrón: ¡No me diga! ¿Pilato, eh?

Ángel: No se sorprenda. Dios usó un arbusto para llamar
a Moisés y a un burro para condenar a un profeta.
Para lograr la atención de Jonás, Dios usó un gran
pez. No hay nadie a quien Él no quiera usar.
Bueno, lleve esto a la próxima ventanilla. (El ladrón empieza a salir) Solo siga las señales.

Pilato no tenía ningún interés en difundir el evangelio.
De hecho, el letrero decía en otras palabras: «Esto es lo que
llega a ser un rey judío; esto es lo que los romanos hacen con
él. El rey de esta nación es un esclavo; un criminal crucificado; y si esto es el rey,¡cómo será la nación de la cual es rey!»[1]
Pilato había puesto el letrero para amenazar y mofarse de los
judíos. Pero Dios tenía otro propósito... Pilato fue el instrumento de Dios para esparcir el evangelio. Sin saberlo, fue el
amanuense del cielo. Tomó el dictado de Dios y lo escribió
en el letrero. Y ese letrero cambió el destino de alguien que
lo leyó.

No hay nadie a quien Dios no quiera usar.

C.S. Lewis puede decírtelo. No podemos imaginarnos al
siglo veinte sin C.S. Lewis. El profesor de Oxford conoció a
Cristo en sus años de adulto y su pluma ha ayudado a

millones a hacer lo mismo. Resultaría difícil encontrar a un escritor con un llamamiento tan amplio y una perspicacia espiritual tan profunda.

Y sería difícil encontrar a un evangelista más peculiar que aquel que guió a Lewis a Cristo.

No era esa su intención porque él mismo no era un creyente. Su nombre fue T.D. Weldon. Como Lewis, era agnóstico. Según uno de sus biógrafos, «se mofaba de todos los credos y de casi todas las afirmaciones positivas». Era un intelectual, un incrédulo cínico. Pero un día, hizo un comentario que cambió la vida de Lewis. Había venido estudiando una defensa teológica de los Evangelios. «¡Qué cosa más extraña», comentó, como solo un inglés podría hacerlo, «esa barbaridad de que Dios ha muerto. Tal parece como si realmente hubiera muerto!». Lewis casi no podía creer lo que había oído. Al principio, pensó que Weldon estaría bajo los efectos del alcohol. La afirmación, aunque inopinada e inpensada, fue suficiente para que Lewis considerara que quizás Jesús realmente era el que decía ser.[2]

Un ladrón es guiado a Cristo por alguien que rechazó a Cristo. Un erudito es guiado a Cristo por alguien que no creía en Cristo.

No hay persona a quien Él no use. Y,

No hay idioma en el que Dios no hable.

Cada transeúnte podía leer el letrero, porque cada transeúnte podía leer hebreo, latín o griego, los tres grandes idiomas del mundo antiguo. «Hebreo era la lengua de Israel, la lengua de la religión; latín era la lengua de los romanos, la lengua de la ley y del gobierno; y el griego era la lengua de Grecia, la lengua de la cultura. En todas ellas, Cristo fue declarado rey».[3] Dios tenía un mensaje para cada uno: «Cristo es rey». El mensaje era el mismo, pero el idioma era diferente. Ya que Jesús era el rey de todas las naciones, el mensaje sería en los idiomas de todos los pueblos.

No hay lenguaje en el que Él no hable. Lo cual nos lleva a una pregunta encantadora. ¿En qué lenguaje te está hablando a ti? No me estoy refiriendo a un idioma o dialecto, sino al drama diario de tu vida. Dios habla, tú lo sabes bien. Él nos habla en cualquier lenguaje que nosotros entendamos.

Hay ocasiones en que habla en el «lenguaje de la abundancia». ¿Está tu estómago lleno? ¿Has pagado todas tus cuentas? ¿Te queda algo en la billetera? No seas tan orgulloso de lo que tienes que dejes de oír lo que debes de oír. ¿Será que tienes mucho como para dar también mucho? «Dios puede darte más bendiciones de las que necesitas. En tal caso, tendrás abundancia de todo, suficiente como para dar a cada obra buena» (2 Corintios 9.8).

¿Está Dios hablándote con el «lenguaje de la abundancia»? O estás escuchando el «vernáculo de la necesidad»? Nos gustaría que nos hablara en el idioma de la abundancia, pero no siempre es así.

¿Me dejas contarte de una vez cuando Dios me dio un mensaje usando la gramática de la necesidad? El nacimiento de nuestro primer hijo coincidió con la cancelación de nuestro seguro de salud. Aun ahora no me explico cómo sucedió. Tuvo que ver con la compañía que tenía sus oficinas en los Estados Unidos y Jenna estaba naciendo en Brasil. Denalyn y yo estábamos locos de alegría con una niña de ocho libras y abrumados con una cuenta de dos mil quinientos dólares en el hospital.

Pagamos la cuenta usando los fondos que habíamos ahorrado. Agradecido de haber podido pagar la deuda, me sentía de todos modos molesto por el problema del seguro, así es que me pregunté: «¿Estará Dios tratando de decirnos algo?»

Unas pocas semanas más tarde llegó la respuesta.

Había hablado en un retiro de una iglesia, pequeña aunque feliz, de la Florida. Un miembro de la congregación me pasó un sobre, diciéndome: «Esto es para su familia». Regalos así no eran cosa extraña. Estábamos acostumbrados a ello y agradecidos por estas donaciones no solicitadas, las que generalmente eran de cincuenta o cien dólares. Esperaba que en esta ocasión la suma sería parecida. Pero cuando abrí el sobre, el cheque era por (adivinaste) dos mil quinientos dólares.

Dios me habló a través del lenguaje de la necesidad. Fue como si me hubiera dicho: «Max: Yo estoy involucrado en tu vida. Yo te cuidaré».

¿Estás tú oyendo el «lenguaje de la necesidad»? ¿Y qué me dices del «lenguaje de la aflicción»? Este es un lenguaje que evitamos. Pero tanto tú como yo sabemos cuán claramente habla Dios en los pasillos de los hospitales y en las camas de los enfermos. Sabemos lo que David quiere decir cuando afirma: «Me hace descansar» (Salmo 23.2). Nada mejor que un cuerpo débil para prestar oídos al cielo.

Dios habla todas las lenguas, incluyendo la tuya. ¿No ha dicho él: «Te enseñaré el camino en que debes de andar»? (Salmos 32.8) ¿No nos apresuramos a «recibir instrucción de su boca» (Job 22.22)? ¿En qué idioma te está hablando Dios?

¿No te alegras cuando Él habla? ¿No te llena de emoción que le intereses tanto que te hable? ¿No es bueno saber que «el Señor dice sus secretos a todos los que lo respetan» (Salmos 25.14)?

Mi tío Carl se sentía agradecido cuando alguien le hablaba. Un caso de sarampión lo dejó imposibilitado de oír o hablar. Cerca de todos sus más de sesenta años los vivió en un silencio sepulcral. Pocas personas hablaban su lenguaje.

Mi padre era uno de esos pocos. Siendo su hermano mayor, quiso protegerlo. Después que su padre murió, se esperaba que mi padre se hiciera cargo de la situación. Cualquiera que haya sido la razón, el caso es que mi padre aprendió el lenguaje por señas. Mi papá no era un estudiante muy aventajado. Nunca terminó la secundaria. Nunca fue a la universidad. Nunca vio la necesidad de aprender español ni francés. Pero sí se dio el tiempo para aprender el lenguaje de su hermano.

Bastaba con que mi papá entrara al cuarto para que el rostro de Carl se iluminara. Buscaban un rincón, y echaban a volar las manos. Así podían pasar largos ratos. Y aunque nunca oí a Carl decir gracias (no podía hacerlo), su amplia sonrisa no dejaba dudas de lo agradecido que estaba. Mi papá había aprendido su lenguaje.

También tu padre ha aprendido a hablar tu lenguaje. «Te ha sido dado el conocer los misterios del reino de los cielos» (Mateo 13.11). ¿No sería adecuado pensar una palabra de gratitud a Él? Y mientras estás en eso, pregúntale si acaso habrás perdido alguna señal que te haya mandado.

Una cosa es perder una señal de tu esposa sobre limpiar el cuarto, pero otra muy distinta es perder una señal de Dios que tiene que ver con el destino de tu vida.

6

«TE DEJARÉ QUE ESCOJAS»

LA PROMESA DE DIOS A TRAVÉS DE LAS DOS CRUCES

Allí Jesús fue clavado a la cruz, y a cada lado de él un hombre también fue clavado a una cruz.

Juan 19.18.

La prisión se ha estremecido, y las puertas de la prisión se han abierto, pero a menos que salgamos de la celda y caminemos adelante, hacia la luz de la libertad, seguiremos estando cautivos.

Donald Bloesch

En el madero de la cruz el mundo fue salvo una vez y para siempre, y el que se pierde, se pierde porque quiere, porque no ha querido recibir al Salvador, porque ha vuelto a caer y ha repetido la caída de Adán.

Conde Nicolás Ludwig von Zinzendorf

$\mathcal{C}$onozco a Edwin Thomas, un maestro del escenario. Durante la segunda parte de los años 80, este hombre bajo de estatura y con una voz tremenda tenía muy pocos rivales. Después de debutar a los quince años en *Richard III*, rápidamente se ganó la fama como el mejor intérprete shakespereano. En Nueva York presentó *Hamlet* durante cien noches consecutivas. En Londres se ganó la aprobación de la ruda crítica británica. Cuando se trataba de tragedia en el escenario, Edwin Thomas estaba en un grupo muy selecto.

En materia de tragedia en la vida real, podría decirse lo mismo de él.

Edwin tenía dos hermanos, John y Junius. Ambos eran actores aunque nunca llegaron a su estatura. En 1863, los tres hermanos unieron su talento para hacer *Julio César*. El que John, hermano de Edwin hiciera el papel de Bruto fue un presagio misterioso de lo que esperaba a los hermanos –y a la nación– dos años más tarde.

Porque este John que hizo el papel del asesino de *Julio César* es el mismo John que cumplió el papel de asesino en el Teatro Ford. En una fría noche de abril de 1865, penetró subrepticiamente a un palco en el teatro de Washington y disparó un tiro a la cabeza de Abraham Lincoln. Sí, el apellido de los hermanos era Booth: Edwin Thomas Booth y John Wilkes Booth.

Después de aquella noche, Edwin no volvió a ser el mismo. Avergonzado por el crimen de su hermano, optó por el retiro. Quizás nunca habría vuelto a los escenarios si no hubiera sido por un golpe de suerte en una estación del tren en Nueva Jersey. Se encontraba esperando su tren cuando un joven, muy bien vestido, presionado por la multitud, resbaló y cayó entre la plataforma y un tren en movimiento. Sin dudarlo un momento, Edwin puso un pie en el riel, agarró al joven y lo haló para ponerlo a salvo. Después de respirar aliviado, el joven reconoció al famoso Edwin Booth.

Edwin, sin embargo, no reconoció al joven que acababa de rescatar. Tal conocimiento llegó semanas después en una carta, carta que llevó en su saco a la tumba. Una carta del general Adams Budeau, secretario en jefe del general Ulises S. Grant. Una carta en la que le agradecía el haber salvado la vida al hijo de un héroe de los Estados Unidos, Abraham Lincoln. Qué irónico es que mientras un hermano mató al presidente, el otro salvó la vida del hijo de ese presidente. ¿El nombre del joven al que Edwin Booth arrancó de la muerte? Robert Todd Lincoln.[1]

Edwin y James Booth. Del mismo padre, madre, profesión y pasión. Uno escoge la vida, y el otro, la muerte. ¿Cómo pudo ocurrir algo así? No lo sé, pero ocurre. Aunque la historia es dramática, no es la única.

Abel y Caín, ambos hijos de Adán. Abel escoge a Dios. Caín escoge matar. Y Dios lo deja.

Abraham y Lot, ambos peregrinos en Canaán. Abraham escoge a Dios. Lot escoge Sodoma. Y Dios lo deja.

David y Saúl, ambos reyes de Israel. David escoge a Dios. Saúl escoge el poder. Y Dios lo deja.

Pedro y Judas, ambos niegan al Señor. Pedro busca misericordia. Judas busca la muerte. Y Dios lo deja.

La verdad es revelada en cada edad de la historia, en cada página de la Escritura: Dios nos permite hacer nuestras propias decisiones.

Y nadie ejemplifica esto más claramente que Jesús. Según él, nosotros podemos elegir:

una puerta angosta o una puerta ancha (Mateo 7.13-14)

un camino angosto o un camino ancho (Mateo 7.13-14)

una muchedumbre o la compañía de pocos (Mateo 7.13-14)

Nosotros podemos decidir:

construir sobre la roca o sobre la arena (Mateo 7.24-27)

servir a Dios o a las riquezas (Mateo 6.24)

estar entre los corderos o entre las cabras (Mateo 25.32-33)

«Entonces ellos [los que rechazaron a Dios] irán al castigo eterno, pero los justos a la vida eterna» (Mateo 25.46).

Dios permite elecciones eternas, y tales elecciones tienen consecuencias para la eternidad.

¿No es esto lo que nos dice el trío del Calvario? ¿Te has preguntado alguna vez por qué hubo dos cruces cerca de Cristo? ¿Por qué no seis o diez? ¿Y te has preguntado por qué Jesús estaba en el centro? ¿Por qué no a la derecha, o bien a la izquierda? ¿No será que las dos cruces en el cerro simbolizan uno de los regalos más grandes de Dios, el don de elegir?

Los dos criminales tienen mucho en común. Condenados por el mismo sistema. Condenados a una muerte idéntica. Rodeados de la misma multitud. Igualmente cerca del propio Jesús. E incluso, comienzan ambos con el mismo sarcasmo: «Los dos criminales también dijeron cosas crueles a Jesús» (Mateo 27.44).

Pero uno cambió.

Uno de los criminales sobre una cruz empezó a gritar insultos a Jesús: «¿No eres tú el Cristo? Si es así, sálvate a ti mismo y sálvanos a nosotros. Pero el otro criminal lo hizo callar, diciéndole: «Deberías tener temor de Dios. Tú estás recibiendo el mismo castigo que Él. A nosotros nos están castigando justamente, dándonos lo que merecemos por lo que hicimos. Pero este hombre no ha hecho nada malo». En seguida le dijo: «Jesús, acuérdate de mí cuando vengas en tu reino». Jesús le dijo: «Te digo la verdad, hoy estarás conmigo en el Paraíso» (Lucas 23.39-43).

Mucho se ha dicho acerca de la oración del ladrón penitente, y ciertamente merece toda nuestra admiración. Pero a la vez que me regocijo con el ladrón que cambió, ¿podemos olvidarnos del que no cambió? *¿Qué me dices de él, Jesús? ¿No hubo una invitación personal para él? ¿Una palabra oportuna de persuasión?*

¿No era que el pastor dejaba a las noventa y nueve para salir en busca de la perdida? ¿No fue que la dueña de casa barrió hasta que encontró la moneda perdida? Sí, el pastor lo hace, la dueña de casa también, pero el padre del hijo pródigo, recuerda, no hace nada.

La oveja se perdió inocentemente.
La moneda se perdió irresponsablemente.
Pero el hijo pródigo se fue intencionalmente.
El padre lo dejó decidir. A los dos criminales, Jesús les dio la misma oportunidad.

Hay veces cuando Dios manda truenos para que nos conmuevan. Hay ocasiones cuando Dios manda bendiciones para convencernos. Pero también hay ocasiones cuando Dios no manda sino silencio con lo cual nos está dando el honor de escoger con libertad el lugar donde habremos de pasar la eternidad.

¡Y qué honor es ese! En muchas áreas de la vida no tenemos chance de escoger. Piensa en esto. Tú no escogiste tu género. No escogiste a tus hermanos. No escogiste tu raza ni tu lugar de nacimiento.

A veces nuestra incapacidad de elegir nos irrita. «No es justo», decimos. «No es justo que yo haya nacido en la pobreza o que cante tan mal o que sea tan malo para correr. Pero cuando Dios plantó un árbol en el Jardín del Edén, las medidas de la vida fueron inclinadas para siempre hacia el lado de la justicia. Todas las protestas fueron silenciadas cuando a Adán y a su descendencia se les dio libre voluntad, la libertad de hacer cualquiera decisión eterna que quisieran. Cualquiera injusticia en esta vida está compensada por el honor de escoger nuestro destino eterno.

¿No te parece que tengo razón? ¿Hubieses querido que las cosas fueran de otra manera? ¿Te habría gustado todo lo contrario? Escoger todo en la vida, y que Él escogiera dónde habrías de pasar lo que sigue? Escoger el tamaño de tu nariz, el color de tu cabello y tu estructura genética y que Él decidiera donde habrías de pasar la eternidad? ¿Habrías preferido eso?

Habría sido fantástico que Dios hubiera ordenado la vida como nosotros ordenamos una comida. Creo que me decidiré por una buena salud y un cociente de inteligencia alto. No quiero nada sobre habilidades musicales, pero sí un metabolismo rápido... Hubiera sido tremendo. Pero las cosas no ocurrieron así. Cuando llegaste a la vida, lo hiciste sin derecho a voz ni a voto.

Pero en lo que dice relación con la vida después de la muerte, sí que tienes derecho a decidir. En mi libro eso luce como algo bueno. ¿No te parece?

¿Se nos habrá dado un privilegio de elegir mayor que ese? Este privilegio no solo compensa cualquiera injusticia, sino que el don de la libre voluntad puede compensar cualquiera falta.

Piensa en el ladrón que se arrepintió. Aunque sabemos muy poco de él, sabemos que en su vida cometió muchas faltas. Escogió las muchedumbres, la moralidad errónea, la conducta equivocada. ¿Pero podría decirse que su vida fue un desperdicio? ¿Estará pasando la eternidad con todos los frutos de sus malas decisiones? No. Todo lo contrario. Está disfrutando del fruto de la única decisión buena que hizo. Al final de todas sus malas decisiones fue redimido por un hombre solitario.

En tu vida tú has hecho algunas malas decisiones, ¿no es cierto? Te has equivocado al escoger a tus amigos, quizás tu carrera, incluso tu cónyuge. Miras tu vida hacia atrás y dices: «Si pudiera... si pudiera librarme de esas malas decisiones». ¡Puedes! Una buena decisión para la eternidad compensa miles de malas decisiones hechas sobre la tierra.

Tú tienes que tomar la decisión.

¿Cómo puede ser posible que dos hermanos, nacidos de la misma madre, que crecieran en el mismo hogar, uno de ellos haya escogido la vida y el otro la muerte? No sé cómo, pero lo hacen.

¿Cómo dos hombres que ven al mismo Jesús y uno escoge mofarse de él mientras que el otro decide orar a él? No sé cómo, pero lo hicieron.

Y cuando uno oró, Jesús lo amó lo suficiente como para salvarlo. Y cuando el otro se burló, Jesús lo amó lo suficiente como para permitirle hacer eso.

Lo dejó que decidiera.

Él hace lo mismo contigo.

7

«NO TE ABANDONARÉ»

La promesa de Dios en la caminata

No solo esto es así, sino que también nos regocijamos
en Dios a través de nuestro Señor Jesucristo, a través
de quien hemos recibido la reconciliación.

Romanos 5.11

En la perspectiva bíblica, pecado es rebelión positiva.

Donald Bloesch

Porque él nos ha rescatado del dominio de las tinieblas,
trayéndonos al reino del Hijo que ama.

Colosenses 1.13

Sin duda que el hombre necesita un cambio radical
de corazón; necesita empezar a odiar su pecado en lugar
de amarlo, y amar a Dios en lugar de odiarlo; necesita,
en una palabra, reconciliarse con Dios. Y el lugar,
por sobre todos los otros, donde ocurre este cambio
es a los pies de la cruz, donde entiende algo
del odio que siente Dios
por el pecado y su indescriptible amor por el pecador.

J.N.D. Anderson

*M*adeline, de 5 años de edad, saltó a las rodillas de su padre.

«¿Comiste lo suficiente?», le preguntó él.

Ella sonrió y se golpeó suavemente la barriga: «No puedo comer más».

«¿Te dieron queque de la abuelita?»

«Un gran pedazo».

Joe miró a su mamá a través de la mesa. «Parece que estamos todos satisfechos. Parece que no podremos hacer otra cosa que irnos a la cama».

Madeline puso sus lindas manos a cada lado de su rostro. «Pero, papi. Esta noche es Nochebuena, y tú dijiste que podríamos bailar».

Joe fingió no acordarse. «¿Yo dije eso? No recuerdo haber dicho algo relacionado con bailar».

La abuelita sonrió y pasó su mano por la cabeza de la niña mientras empezaba a recoger las cosas de la mesa.

«Pero, papi», rogó Madeline, «nosotros siempre bailamos en Nochebuena. Solo tú y yo, ¿recuerdas?»

Una sonrisa se dibujó por debajo de su grueso bigote. «Por supuesto que lo recuerdo, querida. ¿Cómo podría olvidarlo?»

Y diciendo eso, se puso de pie y tomó su mano, poniéndola en la suya. Por un momento, solo un momento, su esposa estuvo alerta de nuevo, y los dos caminaron hacia el estudio para pasar otra Nochebuena como tantas que habían pasado, bailando hasta la madrugada.

Habrían podido bailar el resto de sus vidas, pero vino el sorpresivo embarazo y las complicaciones. Madeline sobrevivió, pero su madre no. Y Joe, el rudo carnicero de Minnesota, quedó solo para criar a Madeline.

«Ven, papi», le dijo, tirándolo de la mano. «Bailemos antes que lleguen». Ella tenía razón. Pronto sonaría el timbre de la puerta y los familiares inundarían la casa y la noche habría pasado.

Pero por ahora, solo estaban papi y Madeline.

✝

El amor de un padre por su hijo es una fuerza poderosa. Piensa en la pareja con su bebé recién nacido. El niño no le ofrece a sus padres absolutamente nada. Ni dinero, ni habilidades, ni palabras de sabiduría. Si tuviera bolsillos, estarían vacíos. Ver a un bebé acostado en su camita es ver a un indefenso. ¿Qué tiene como para que se le ame?

Lo que sea que tenga, mamá y papá lo saben identificar. Si no, observa el rostro de la madre mientras atiende a su bebé. O la mirada del papá mientras lo acuna. O trata de causar daño o hablar mal del niño. Si lo haces, te vas a encontrar con una fuerza poderosa, porque el amor de un padre es una fuerza poderosa.

En una ocasión Jesús dijo que si nosotros los humanos somos capaces de amar así, cuánto más no nos amará Dios, el Padre sin pecado y generoso. ¿Pero qué ocurre cuando el amor no es correspondido? ¿Qué ocurre al corazón del padre cuando su hijo se va?

✝

La rebeldía atacó el mundo de Joe como una ventisca a Minnesota. Cuando ya tenía edad suficiente como para conducir un automóvil, Madeline decidió que era suficiente mayor como para dirigir su propia vida. Y esa vida no incluía a su padre.

«Debí habérmelo imaginado», diría Joe más tarde, «pero por mi vida que no lo hice». No había sabido qué hacer. No sabía cómo vérselas con narices rotas ni camisetas apretadas. No entendía de trasnochadas ni de malas notas. Y, lo que es peor, no sabía cuándo hablar y cuándo guardar silencio.

Ella, por otro lado, lo sabía todo. Cuándo hablar a su padre: nunca. Cuándo quedarse callada: siempre. Las cosas eran al revés, sin embargo, con su amigo de la calle, aquel muchacho flacucho y tatuado. No era un muchacho bueno, y Joe lo sabía.

No iba a permitir que su hija pasara la Nochebuena con ese muchacho.

«Pasará la noche con nosotros, señorita. Comerá el queque de la abuelita en la cena en su casa. Celebraremos juntos la Nochebuena».

Aunque estaban sentados a la misma mesa, parecía que estaban en puntos distintos de la ciudad. Madeline jugaba con la comida sin decir palabra. La abuela trataba de hablar a Joe, pero este no estaba de humor para charlar. Una parte de él estaba furiosa; la otra parte estaba desconsolada. Y el resto de él habría dado cualquiera cosa para saber cómo hablar a esta niña que una vez se había sentado en sus rodillas.

Llegaron los familiares, trayendo con ellos un bienvenido final al desagradable silencio. Con la sala llena de ruidos y gente, Joe se mantuvo en un extremo, y Madeline en el otro.

«Pon música, Joe», le recordó uno de sus hermanos. Así lo hizo. Pensando que sería una buena idea, se dirigió hacia donde estaba su hija. «¿Bailaría este baile con su papi?»

Por la forma en que ella resopló y se volvió podría haberse pensado que él le había dicho algo insultante. Ante la vista de toda la familia, se dirigió a la puerta de la calle, la abrió, y se fue, dejando a su padre solo.

Muy solo.

✝

Según la Biblia, nosotros hemos hecho lo mismo. Hemos despreciado el amor de nuestro Padre. «Cada cual se ha ido por su propio camino» (Isaías 53.6).

Pablo va un poco más allá con nuestra rebelión. Hemos hecho más que simplemente irnos, dice. Nos hemos vuelto *contra*. «Estábamos viviendo contra Dios» (Romanos 5.6).

En el versículo 10 es aun más terminante: «Éramos enemigos de Dios». Duras palabras, ¿no crees? Un enemigo es un adversario. Uno que ofende, no por ignorancia, sino con intención. ¿Nos describe esto a nosotros? ¿Hemos alguna vez sido enemigos de Dios? ¿Nos hemos alguna vez vuelto contra nuestro Padre?

¿Hemos...

alguna vez hecho algo sabiendo que a Dios no le agradaba?

causado daño a alguno de sus hijos o a parte de la creación?

respaldado o aplaudido el trabajo de su adversario, el diablo?

llegado a mostrarnos, en público, como enemigos de nuestro Padre celestial?

Si es así, ¿no hemos asumido el papel de enemigo? ¿Entonces, cómo reacciona Dios cuando nos transformamos en sus enemigos?

Madeline volvió esa noche pero no por mucho tiempo. Joe nunca le faltó como para que ella se fuera. Después de todo, ¿qué significa ser hija de un carnicero? En sus últimos días juntos, él hizo todo lo que pudo. Le cocinó su comida favorita. Ella no tenía apetito. La invitó al cine. Ella se encerró en su cuarto. Le compró un vestido nuevo. Ella nunca le dio las gracias. Hasta que llegó aquel día primaveral en que él salió temprano de su trabajo para estar en casa cuando ella llegara de la escuela.

Desde ese día, ella nunca más volvió a casa.

Un amigo la vio junto con su amigo en las cercanías de la estación de autobuses. Las autoridades confirmaron la compra de dos pasajes para Chicago; adónde fue desde allí, nadie lo sabe.

✝

El camino más famoso en el mundo es la Vía Dolorosa, «la ruta de la tristeza». Según la tradición, es la ruta que Jesús tomó desde el palacio de Pilato al Calvario. La ruta está marcada por estaciones usadas frecuentemente por los cristianos para sus devociones. Una de las estaciones marca el paso del veredicto de Pilato. Otra, la aparición de Simón para ayudar a llevar la cruz. Dos estaciones recuerdan las caídas de Jesús y otra sus palabras. Entre todas, hay catorce estaciones, cada una recordando los sucesos de la caminata final de Cristo.

¿Es la ruta verdadera? Probablemente no. Cuando en el año 70 d.C. y más tarde en el 135 Jerusalén fue destruida, las calles de la ciudad lo fueron también. Como resultado, nadie sabe exactamente cuál fue la ruta que Jesús siguió aquel viernes.

Pero nosotros sabemos dónde comienza este camino.

Comienza no en la corte de Pilato sino en los salones del cielo. El Padre inició su jornada cuando dejó su hogar para venir en busca nuestra. Inició la búsqueda armado con nada más que una pasión para ganar tu corazón. Su deseo era circular: traer a sus hijos de vuelta a casa. La Biblia tiene una palabra para esta búsqueda: *reconciliación.*

«Dios estaba en Cristo reconciliando al mundo con él» (2 Corintios 5.19) La palabra griega que se traduce *reconciliación* quiere decir «hacer que algo sea diferente».[2] La reconciliación desenreda lo enredado, invierte la rebelión, vuelve a encender la pasión que se ha enfriado.

La reconciliación toca el hombro del extraviado y lo pone en camino hacia el hogar.

El camino a la cruz nos dice exactamente hasta dónde va a llegar Dios para hacernos volver.

✝

El muchacho enjuto de los tatuajes tenía un primo. Este trabajaba en el turno de noche en una tienda al sur de Houston. Por unos cuantos dólares al mes permitía a los fugitivos permanecer en su apartamento por las noches, pero durante el día tenían que salir de allí.

No había problemas. Ellos tenían grandes planes. Él sería un mecánico y Madeline buscaría trabajo de vendedora en una tienda. Por supuesto, él no sabía nada en cuanto a automóviles, y mucho menos sobre cómo conseguir un trabajo, pero uno no piensa en esas cosas cuando está viviendo intoxicado de libertad.

Después de un par de semanas, el primo cambió de opinión. Y el día que les dio a conocer su decisión, el joven enjuto con tatuajes dio a conocer la suya. De este modo, Madeline se encontró frente a la noche sin un lugar donde dormir ni una mano que la sostuviera.

Fue la primera de una serie de muchas noches así.

Una mujer en el parque le habló de un hogar para desamparados cerca del puente. Por unos cuantos dólares ella podría obtener un plato de sopa y un catre. Unos cuantos dólares era todo lo que tenía. Usó su mochila como almohada y su chaqueta como frazada. El cuarto era tan bullicioso que no se podía dormir. Madeline volvió la cabeza hacia la pared y por primera vez en muchos días, pensó en la barbuda faz de su padre y cómo él le daba un beso cada noche. Pero cuando las lágrimas quisieron brotar de sus ojos, se resistió a llorar. Metió el recuerdo bien hondo en su memoria y decidió no volver a pensar en su casa.

Había llegado tan lejos que ya era imposible volver.

A la mañana siguiente, la joven que ocupaba el catre al lado del suyo le mostró un puñado de propinas que había ganado bailando sobre las mesas. «Esta es la última noche que dormiré aquí», le dijo. «Ahora puedo pagar mi propio lugar. Me dijeron que están necesitando más bailarinas. Deberías venir conmigo». Buscó en el bolsillo de su chaqueta y sacó una libreta. «Aquí está la dirección», le dijo, entregándole un papelito. Con solo pensarlo, el estómago de Madeline empezó a darle vueltas. Todo lo que pudo hacer fue mascullar: «Lo pensaré».

El resto de la semana lo pasó en las calles buscando trabajo. Al final de la semana, cuando tenía que pagar la cuenta en el refugio, buscó en sus bolsillos y sacó el papelito. Era todo lo que le quedaba.

«No voy a pasar esta noche aquí», se dijo y se dirigió a la puerta.

El hambre tiene su manera de suavizar las convicciones.

✝

Orgullo y vergüenza. ¿No sabías que son hermanas? Parecen ser diferentes. El orgullo le infló el pecho. La vergüenza la hizo agachar la cabeza. El orgullo alardea. La vergüenza hace ocultarse. El orgullo procura ser visto. La vergüenza trata de ser evitada.

Pero no te llames a engaño: las emociones tienen el mismo parentesco y el mismo impacto. Te mantienen alejado de tu Padre.

El orgullo dice: «Eres demasiado bueno para él».

La vergüenza dice: «Eres demasiado malo para él».

El orgullo te aleja.

La vergüenza te mantiene alejado.

Si el orgullo es lo que hay antes de una caída, la vergüenza es lo que te impide levantarte después.

✝

Si algo sabía Madeline, era bailar. Su padre le había enseñado. Ahora hombres de la edad de su padre la observaban. Ella no se daba cuenta de ese detalle, sencillamente no pensaba en eso. Simplemente hacía su trabajo y se ganaba sus dólares.

Quizás nunca habría pensado en eso, excepto por las cartas que su primo le llevaba. No una, ni dos, sino una caja llena. Todas dirigidas a ella. Todas de su padre.

«Tu viejo novio debe estar chillando por ti. Llegan de estas dos o tres por semanas», se quejaba el primo. «Dale tu dirección». Oh, pero no, ella no podía hacer eso. La encontraría.

No se atrevía a abrir las cartas. Sabía lo que decían: que volviera a casa. Pero si supiera lo que estaba haciendo no le escribiría.

Le pareció menos doloroso no leerlas. Así es que no las leyó. No esa semana ni la siguiente cuando su primo le trajo más, ni la siguiente cuando llegó de nuevo. Las guardó en el guardarropa del lugar donde bailaba, organizadas según la fecha. Pasaba su dedo por sobre cada una pero no se atrevía a abrirlas.

La mayor parte del tiempo Madeline podía controlar sus emociones. Los pensamientos del hogar y los pensamientos de vergüenza se fundían en la misma parte de su corazón. Pero había ocasiones cuando los pensamientos eran demasiado fuertes como para resistirlos.

Como aquella vez que vio un vestido en la ventana de una tienda. Un vestido del mismo color que el que le había comprado su padre. Un vestido que había sido demasiado sencillo para ella. De mala gana se lo había puesto y se había parado frente al espejo. «Caray, estás tan alta como yo», le había dicho su padre. Ella se había puesto rígida cuando él la tocó.

Al ver su cansado rostro reflejado en la ventana de la tienda, Madeline se dio cuenta que estaría dispuesta a dar mil trajes con tal de sentir de nuevo que la tocaba. Salió de la tienda con el firme propósito de no volver a pasar por allí.

Llegó la época en que las hojas se caen y el aire se pone frío. El correo siguió llegando y el primo quejándose a medida que crecía la cantidad de cartas. Ella seguía decidida a no mandarle su dirección. Incluso seguía sin leer las cartas.

Entonces, pocos días antes de Nochebuena, llegó otra carta. El mismo sobre. El mismo color. Pero esta no tenía el matasellos. Ni le fue entregada por su primo. Estaba en la mesa del cuarto de vestirse.

«*Hace un par de días un hombre muy fornido vino y me pidió que te diera esto*», explicó una de las otras bailarinas. «*Dijo que entenderías el mensaje*».

«*¿Estuvo aquí?*», preguntó, ansiosa.

La mujer se encogió de hombros. «*Supongo que tuvo que ser él*».

Madeline tragó y miró el sobre. Lo abrió y extrajo una tarjeta. «*Sé donde estás*», leyó. «*Sé lo que haces. Esto no cambia nada lo que siento. Todo lo que he dicho en cada una de las demás cartas sigue siendo verdad*».

«*Pero yo no sé lo que me has estado diciendo*», dijo Madeline. Extrajo una carta de la parte superior del montón y la leyó. Luego hizo lo mismo con una segunda, y una tercera. Cada carta tenía la misma frase. Cada frase hacía la misma pregunta.

En cosa de segundos el piso estuvo lleno de papel mientras su rostro se sacudía por el llanto.

Antes de una hora se encontraba a bordo de un autobús. «*Ojalá que llegue a tiempo*».

Lo logró apenas.

Los familiares estaban empezando a retirarse. Joe estaba ayudando a la abuela en la cocina cuando su hermano lo llamó. «*Joe, alguien está aquí y quiere verte*».

Joe salió de la cocina y se detuvo. En una mano, la niña sostenía una mochila. Y en la otra, sostenía una tarjeta. Joe vio la pregunta en sus ojos.

«*La respuesta es «sí»*», dijo ella a su padre. «*Si la invitación todavía se mantiene, la respuesta es «sí»*».

Joe tragó, emocionado. «*Oh, sí. La invitación se mantiene*».

Y así, los dos volvieron a bailar en Nochebuena.

Sobre el piso, cerca de la puerta, permanecían las cartas con el nombre de Madeline y el ruego de su padre.

«*¿Quisieras venir a casa y bailar con tu papi otra vez?*»

8

«TE DARÉ MI TÚNICA»

LA PROMESA DE DIOS EN LA VESTIDURA

Pero Cristo sin culpa... tomó sobre él nuestro castigo,
para así poder expiar nuestra culpa y alejar
de nosotros nuestro castigo.

Agustín

_____

Porque Cristo murió por los pecados una vez para siempre,
el justo por los injustos para llevarte a Dios.

1 Pedro 3.18

_____

Este es el misterio de las riquezas de la gracia divina
por los pecadores; porque por un maravilloso cambio
nuestros pecados son ahora no nuestros sino de Cristo,
y la justicia de Cristo no es suya, sino nuestra.

Martín Lutero

$\mathcal{E}$l *maître* no estaba dispuesto a cambiar de parecer. No le interesaba que se tratara de nuestra luna de miel. Ni que esa noche en el club de campo fuera un regalo de boda. Le importaba bien poco que Denalyn y yo hubiéramos decidido dejar de almorzar para tener espacio para la cena. Todo esto carecía de valor en comparación con el problema que podría venírsele encima.

Yo estaba sin saco.

No sabía que habría de necesitarlo. Pensé que una camisa deportiva sería suficiente. Estaba limpia y planchada. Pero el señor Corbata-de-Moñito y su acento francés era imperturbable. Acomodaba a quien fuera. Le ofreció una mesa al señor y la señora Bien-Educados. Sentó al señor y a la señora Finos-Muchas-Gracias. ¿Pero el señor y la señora No-Tiene-Su-Saco?

Si hubiese tenido otra opción, la habría intentado, pero no tenía ninguna. Era ya tarde. Otros restaurantes estarían ya cerrados o llenos y nosotros teníamos un apetito voraz. Me miró, miró a Denalyn y luego dio un gran suspiro que llegó a inflarle los carrillos.

«Está bien. Déjenme ver».

Desapareció en un guardarropa y emergió con un saco.

«Póngase esto». Me lo puse. Las mangas eran demasiado cortas. Los hombros demasiado tensos. ¿Y el color? Verde limón. Pero no dije ni una palabra. Tenía el saco y teníamos también derecho a una mesa. (No se lo digan a nadie, pero me lo saqué cuando nos trajeron la comida.)

Para todas las inconveniencias de aquella noche, terminamos con una gran cena y una más grande parábola.

Necesitaba un saco, pero todo lo que tenía era una oración. El *maître* fue lo suficientemente gentil como para no obligarme a salir de allí pero demasiado leal a las reglas como para permitirse pasar por sobre ellas. Así fue como el único que me exigía un saco me proporcionó uno y así pudimos tener acceso a una mesa.

¿No es esto mismo lo que ocurre en la cruz? En la mesa de Dios no hay asientos disponibles para los desaliñados. ¿Pero quién entre nosotros no lo es? Moralidad descuidada. Desprecio por la verdad. Poco interés en los demás. Nuestra tenida moral está por los suelos. Sí, los requerimientos para ocupar un lugar en la mesa de Dios son altos, pero el amor de Dios por sus hijos es más alto aun. Para satisfacerlos, Él nos ofrece un regalo.

No un saco color verde limón sino una túnica. Una túnica sin costuras. No algo sacado de un guardarropa sino una túnica usada por su Hijo, Jesús.

Poco dice la Escritura acerca de la vestimenta de Jesús. Sabemos lo que usaba su primo, Juan el Bautista. Sabemos lo que usaban los dirigentes religiosos. Pero no se nos dice nada acerca de la ropa de Jesús: ni tan humilde como para tocar los corazones, ni tan elegante como para hacer que la gente se volviera a verlo.

Digna de notar es una referencia que hace uno de los evangelios. Dice: «Dividieron su ropa entre ellos cuatro. También tomaron su túnica, que no tenía costuras sino que era de una sola pieza, desde arriba. Y dijeron: "No la partamos, sino echemos suertes para ver quién se queda con ella"» (Juan 19.23-24).

Debe de haber sido la más fina posesión de Jesús. Según la tradición judía, la madre tejía una túnica como un regalo a su hijo cuando este abandonaba el hogar. ¿Haría María esta túnica para Jesús? No lo sabemos. Pero sabemos que la túnica no tenía costuras sino que era un solo tejido, de arriba abajo. ¿Tiene esto alguna importancia?

A menudo la Escritura describe nuestra conducta como la ropa que usamos. Pedro nos dice que debemos «vestirnos con humildad» (1 Pedro 5.5). David habla de las personas malas que se visten «con maldición» (Salmos 109.18). La ropa puede simbolizar el carácter y, como su ropa, el carácter de Jesús fue sin costura. Coordinado. Unificado. Él era como su túnica: perfección ininterrumpida.

«Tejida... desde arriba». Jesús no se dejó guiar por su propia mente, sino que fue dirigido por la mente de su Padre. Escucha sus palabras:

«El Hijo no puede hacer nada por sí mismo, sino solo lo que ve hacer al Padre; porque todo lo que el Padre haga, el Hijo lo hace también» (Juan 5.19).

«Yo no puedo hacer nada por mí mismo. Así como oigo, juzgo» (Juan 5.30).

El carácter de Jesús fue una tela sin costuras tejida desde el cielo a la tierra... desde los pensamientos de Dios a las acciones de Jesús. Desde las lágrimas de Dios a la compasión de Jesús. Desde la Palabra de Dios a la reacción de Jesús. Todo una sola pieza. Todo un cuadro del carácter de Jesús.

Pero cuando Jesús fue clavado en la cruz, él se quitó su túnica de perfección sin costura y se cubrió de una túnica diferente: la túnica de la indignidad.

La indignidad de la desnudez. Desnudo ante su propia madre y sus seres amados. Avergonzado ante su familia.

La indignidad del fracaso. Por unas pocas horas llenas de dolor, los líderes religiosos fueron los victoriosos, y Cristo apareció como el perdedor. Avergonzado ante sus acusadores.

Y lo peor, estaba vestido de la *indignidad del pecado.* «Él mismo llevó nuestros pecados en su cuerpo en el madero, para que nosotros pudiéramos morir a los pecados y vivir para justicia» (1 Pedro 2.24).

¿El vestido de Cristo en la cruz? Pecado: el tuyo y el mío. Los pecados de toda la humanidad.

Recuerdo a mi padre explicándome el porqué de un grupo de hombres junto al camino que vestían ropa con rayas. «Son presos», me dijo. «Han quebrantado la ley y están pagando con servicio a la comunidad».

¿Quieres saber lo que me impresionó de aquellos hombres? No miraban a los ojos. ¿Sentían vergüenza? Probablemente.

Lo que sentían allí, junto al camino, es parecido a lo que sentía Jesús colgado de aquella cruz: vergüenza. Cada aspecto de la crucifixión tenía el propósito no solo de hacer sufrir a la víctima, sino avergonzarla. Por lo general, la muerte de cruz estaba reservada para los delincuentes más viles: esclavos, asesinos y así por el estilo. A la persona condenada se la hacía caminar por las calles de la ciudad, cargando el travesaño de la cruz y llevando colgada del cuello una placa donde se indicaba su delito. En el lugar de la crucifixión lo desnudaban y se mofaban de él.

La crucifixión era tan aberrante que Cicerón escribió: «Alejen hasta el nombre de la cruz no solo del cuerpo de un ciudadano romano, sino aun de sus pensamientos, ojos y oídos».[1]

Jesús no solo fue avergonzado ante su pueblo, sino que fue avergonzado también ante el cielo.

Ya que cargó con nuestro pecado de homicidio y adulterio, sintió la vergüenza del homicida y del adúltero. Aunque nunca mintió, cargó con la vergüenza del mentiroso. Aunque nunca engañó, sintió la vergüenza de un engañador. Como llevó el pecado del mundo, sintió la vergüenza colectiva del mundo.

No es extraño que el escritor hebreo haya hablado de «la desgracia que él soportó» (Hebreos 13.13).

Mientras estuvo en la cruz, Jesús sintió la indignidad y la vergüenza de un criminal. No, no era culpable. No, él no había cometido pecado. Y, no, no merecía ser sentenciado. Pero tú y yo sí lo merecíamos. Y estuvimos en pecado y fuimos culpables. Estuvimos en la misma posición en que me encontraba yo ante el *maître*. ¿Te puedes imaginar al jefe del restaurante quitándose su saco y dándomelo a mí?

Jesús lo hace. No estamos hablando de algo improvisado ni una chaqueta sobrante. Él ofrece una túnica pura, sin costuras para cubrir mi capa hecha de retazos de orgullo, avaricia y vanidad. «Él cambia lugar con nosotros» (Gálatas 3.13). Él se vistió de nuestro pecado para que nosotros pudiéramos vestirnos de su justicia.

Aunque llegamos a la cruz vestidos en pecado, nos vamos de la cruz vestidos con la «coraza de su amor formidable» (Isaías 59.17) y ceñidos con un «cinturón de justicia» (Isaías 11.5) y vestidos con «vestiduras de salvación» (Isaías 3.27).

Para él no fue suficiente prepararte una fiesta.

Para él no fue suficiente reservarte un asiento.

Para él no fue suficiente correr con los gastos y proveer el transporte para el banquete.

Hizo algo más. Te dejó usar su propia ropa de manera que pudieras estar vestido adecuadamente.

Y lo hizo, precisamente, por ti.

9

«TE INVITO A ENTRAR A MI PRESENCIA»

LA PROMESA DE DIOS A TRAVÉS DEL COSTADO HERIDO

*Podemos entrar a través de un camino nuevo y vivo
que Jesús abrió para nosotros. Nos lleva a través
de la cortina: el cuerpo de Cristo.*

Hebreos 10.20

———————————

*Porque a través de él ambos tenemos acceso al Padre
por un mismo Espíritu.*

Efesios 2.18

———————————

*Aproximémonos entonces al trono de la gracia con confianza,
para que recibamos misericordia y gracia final que nos ayude
en nuestro tiempo de necesidad.*

Hebreos 4.16

$\mathcal{I}$magínate a una persona de pie frente a la Casa Blanca. Mejor, imagínate tú parado frente a la Casa Blanca.

Estás en la vereda, mirando a través de las rejas, sobre el césped, hacia la residencia del presidente. Tú, bien presentado, bien peinado y los zapatos lustrados. Te diriges a la entrada. Caminas con paso firme y seguro. No podría ser de otro modo. Has venido a reunirte con el presidente.

Tienes un par de asuntos que te gustaría discutir con él.

Primero, está el asunto de la toma de agua frente a tu casa. Le pedirás que por favor suavice un poco el color rojo con el que está pintado. Como está ahora es muy brillante.

Luego, está tu preocupación por la paz del mundo. Tú estás en pro de ella. ¿Podría él lograrla?

Y finalmente, los costos de la educación son demasiado altos. ¿Podría él llamar a la oficina de administración de la escuela donde estudia tu hija y pedirles que la rebajen un poco? Sin duda que él debe tener alguna influencia allí.

Todos son asuntos importantes, ¿no es cierto? No le tomarán más de unos minutos. Además, le traes algunas galleticas que él podría compartir con la primera dama y la primera mascota. Así, con tu bolsa en la mano y una sonrisa en el rostro, te acercas al portón y le dices al guardia: «Quisiera ver al presidente, por favor.»

Él te pregunta tu nombre, y tú se lo das. Te mira, fija su atención en su lista y dice: «No tenemos registrada su cita»

«¿Hay que tener una cita previa?»

«Sí».

«¿Cómo puedo hacerla?»

«A través del personal de su oficina».

«¿Me podría dar su número telefónico?»

«No, es privado».

«¿Entonces cómo podría hacerlo?»

«Es mejor que espere a que lo llamen».

«¡Pero si no me conocen!»

El guardia se encoge de hombros.

«Entonces lo más probable es que no lo van a llamar».

Después de eso, das media vuelta e inicias el regreso a casa. Tus preguntas han quedado sin contestar y tus necesidades insatisfechas.

¡Y estuviste tan cerca! Si el presidente hubiera salido al jardín podrías haberlo saludado y él te habría saludado a ti. Estuviste a solo unos metros de la puerta de entrada a su oficina... pero fue como si hubieses estado a kilómetros de distancia. Tú y el presidente estaban separados por la cerca y el guardia.

Luego, está el problema del Servicio Secreto. Si hubieses logrado entrar, te habrían detenido de inmediato. El personal habría hecho lo mismo. Había demasiadas barreras.

¿Y las barreras invisibles? Barreras de tiempo. (El presidente demasiado ocupado.) Barreras de status. (Tú no tienes influencia.) Barreras de protocolo. (Tienes que ir a través de los canales correspondientes.) Te alejas de la Casa Blanca con nada más que una dura lección. No tienes acceso al presidente. ¿Tu charla con el comandante en jefe? Olvídala. Tendrás que ver por ti mismo cómo solucionas el problema de la paz mundial y la toma de agua que hay frente a tu casa.

Es decir, a menos que él tome la iniciativa. A menos que él, al verte en la vereda, se compadezca de tus problemas y le diga al jefe de su personal: «¿Ve a aquel hombre con la bolsa de galletas en su mano? Vaya y dígale que me gustaría charlar con él unos minutos».

Si él da esa orden, todas las barreras se vendrán abajo. La Oficina Oval llamará al jefe de seguridad. El jefe de seguridad llamará al guarda y el guarda te llamará por tu nombre. «¿Sabe qué? No se lo puedo explicar, pero la puerta de la Oficina Oval está abierta de par en par para usted».

Tú te detienes, te vuelves, sacas pecho y entras por la misma puerta donde, momentos antes, se te negó el acceso. El guardia es el mismo. La puerta es la misma. El personal de seguridad es el mismo. Pero la situación no es la misma. Ahora puedes entrar a donde antes no pudiste.

Y, algo más. Ya *tú* no eres el mismo. Te sientes alguien especial, escogido. ¿Por qué? Porque el hombre de allá arriba te vio allá abajo e hizo posible que entraras.

Sí, tienes razón. Es una historia fantástica. Tú y yo sabemos que tratándose del presidente, no valdrá contener la respiración. No habrá invitaciones especiales. Pero tratándose de Dios, agarra firme tus galleticas y empieza a caminar, porque ya la invitación está hecha.

Él te ha visto. Te ha oído y te ha invitado. Lo que una vez te separaba, ha sido quitado: «Ahora en Cristo Jesús, tú que estabas lejos de Dios has sido puesto cerca» (Efesios 2.13). Nada queda entre tú y Dios sino una puerta abierta.

¿Pero cómo pudo ocurrir esto? Si no pudimos entrar para ver al presidente, ¿cómo pudimos conseguir una audiencia con Dios? ¿Qué pasó? En una palabra, alguien descorrió la cortina. Alguien rompió el velo. Algo ocurrió en la muerte de Cristo que abrió la puerta para ti y para mí. Y ese algo lo describe el autor de Hebreos.

Así, hermanos y hermanas, estamos completamente libres para entrar al Lugar Santísimo sin temor gracias a la sangre de Jesús por su muerte. Podemos entrar a través de un camino nuevo y viviente que Jesús abrió para nosotros. Nos lleva a través de la cortina, el cuerpo de Cristo (Hebreos 10.19-20).

Para los lectores originales, estas cuatro palabras fueron explosivas: «cortina – cuerpo de Cristo». Según el escritor, cortina es igual a Jesús. Por lo tanto, lo que haya ocurrido al cuerpo de Cristo le ocurrió a la cortina. ¿Qué le ocurrió a su carne? Fue desgarrada. Desgarrada por los azotes, desgarrada por las espinas. Desgarrada por el peso de la cruz y las puntas de los clavos. Pero en el horror de su carne desgarrada, encontramos el esplendor de la puerta abierta.

«Pero Jesús clamó a gran voz y murió. Entonces la cortina en el Templo se rompió en dos partes, de arriba abajo» (Mateo 27.50-51).

La cortina es nada menos que la cortina del Templo. El velo que colgaba a la entrada del Lugar Santísimo.

Como recordarás, el Lugar Santísimo era una parte del Templo al que nadie podía entrar. Los judíos cuando iban a adorar podían entrar al patio exterior, y solo los sacerdotes podían entrar al Lugar Santo. Y nadie, salvo el sumo sacerdote solo un día en el año, entraba en el Lugar Santísimo. Nadie. ¿Por qué? Porque la gloria shekiná, la gloria de Dios, estaba allí.

Si alguien te dijera que puedes entrar libremente a la Oficina Oval de la Casa Blanca, seguramente moverías la cabeza y dirías a esa persona: «¿Qué te pasa? ¿Te volviste loco?» Multiplica tu incredulidad por mil y tendrás una idea de cómo se habrían sentido los judíos si alguien les hubiera dicho que podían entrar al Lugar Santísimo. «Sí, claro, y tu abuelita, ¿cómo se llamaba?»

Nadie sino el sumo sacerdote podía entrar al Lugar Santísimo. *Nadie*. Hacerlo equivalía a morir. Dos de los hijos de Aarón murieron cuando entraron al Lugar Santísimo para ofrecer sacrificios al Señor (Levítico 16.1-2). En términos inequívocos, la cortina decía: «¡Hasta aquí!»

¿Qué comunicaba mil quinientos años atrás una cortina colgada en la parte exterior del Lugar Santísimo? Sencillo. Dios es santo... separado de nosotros e inaccesible. Incluso a Moisés se le dijo: «Tú no puedes ver mi rostro, porque nadie puede verme y seguir viviendo» (Éxodo 33.20). Dios es santo y nosotros somos pecadores por lo tanto hay una distancia entre nosotros.

¿No es ese nuestro problema? Sabemos que Dios es bueno. Sabemos que nosotros no lo somos, y nos sentimos alejados de Dios. Las antiguas palabras de Job son las nuestras: «Si solo hubiera un mediador que pudiera unirnos» (Job 9.33).

¡Hay uno! Jesús no nos ha dejado con un Dios inaccesible. Sí. Dios es santo. Sí, nosotros somos pecadores. Pero, sí, sí, sí, Jesús es nuestro mediador. «Hay un Dios y un mediador entre Dios y los hombres, el hombre Cristo Jesús» (1 Timoteo 2.5). ¿No es mediador el que «se pone entre»? ¿No era Jesús la cortina entre nosotros y Dios? ¿Y no fue su carne desgarrada?

Lo que aparece como una crueldad del hombre fue, en realidad, la soberanía de Dios. Mateo nos dice: «Y cuando Jesús hubo clamado de nuevo a gran voz, entregó su espíritu. *En ese momento* la cortina del templo se partió en dos de arriba abajo» (27.50-51).

Es como si las manos del cielo hubieran estado agarrando el velo, esperando el momento. Recuerda el tamaño de la cortina: veinte metros de alto por diez de ancho.[1] En un momento estaba entera; al siguiente, estaba partida en dos, de arriba abajo. Sin demora. Sin vacilación.

¿Qué significaba la cortina rota? Para los judíos significaba que no había más barreras entre ellos y el Lugar Santísimo. No más sacerdotes entre ellos y Dios. No más sacrificios de animales para expiar sus pecados.

¿Y para nosotros? ¿Qué significó para nosotros la cortina rota?

Somos bienvenidos para entrar en la presencia de Dios., cualquier día, a cualquiera hora. Dios ha quitado la barrera que nos separa de Él. ¿La barrera del pecado? Abajo. Él ha quitado la cortina.

Pero tenemos una tendencia a tratar de volver a poner la barrera. Aunque no hay cortina en el templo, hay una cortina en el corazón. Las faltas del corazón son como el tictac del reloj. Y a veces, no, muchas veces, dejamos que estas faltas nos alejen de Dios. Nuestra conciencia de culpa se transforma en una cortina que nos separa de Dios.

Como resultado, nos escondemos de nuestro Maestro.

Es lo que hace mi perro, Salty. Sabe que no tiene que meter su hocico en el tarro de la basura. Pero deje la casa sola, sin una persona, y el lado oscuro de Salty tomará control de él. Si hay comida en uno de los tarros de basura, la tentación será demasiado grande. La hallará y se dará un festín.

Es lo que había hecho el otro día. Cuando llegué a casa, no se veía por ninguna parte. El tarro de basura estaba volcado, pero no había ni rastros de Salty. Al principio me molesté, pero luego se me pasó. Si yo tuviera que estar todo el día comiendo solo comida de perro, de seguro que buscaría otra cosa por ahí. De modo que limpié la suciedad y me olvidé del asunto.

¿Y Salty? Perdido. Mantenía su distancia. Cuando por fin lo vi, tenía la cola entre las piernas y sus orejas estaban caídas. Entonces me dije: «Piensa que estoy enojado con él. No sabe que ya he arreglado el asunto de su falta».

¿Es necesario hacer una aplicación que parece obvia? Dios no está enojado con nosotros. Él ya ha arreglado el asunto de nuestras faltas.

En alguna parte, en algún momento, de alguna manera te has metido en el tarro de la basura y luego has tratado de evitar a Dios. Has dejado que un velo de culpa se alce entre tú y tu Padre. Te preguntas si alguna otra vez podrás estar de nuevo cerca de Dios. El mensaje de la carne desgarrada es que *sí puedes*. Dios te espera. Dios no te está evitando. Dios no te resiste. La cortina está caída, la puerta está abierta, y Dios te invita a entrar.

No confíes en tu conciencia. Confía en la cruz. La sangre ha sido derramada y el velo roto. Dios te da la bienvenida a su presencia. Y no tienes que llevar galleticas.

10

«YO ENTIENDO TU DOLOR»

La promesa de Dios en la esponja
empapada de vinagre

Alabado sea el Dios y Padre de nuestro Señor Jesucristo,
el Padre de misericordia y el Dios de toda consolación,
que nos consuela en todas nuestras tribulaciones
para que nosotros podamos consolar
con el consuelo que hemos recibido de Dios a todos
los que están en tribulación. Porque así como los
sufrimientos de Cristo fluyeron en nuestras vidas,
así también fluye nuestra consolación a través de Cristo.

2 Corintios 1.3-5

―――――――

Porque el Señor consuela a su pueblo y tendrá
compasión de los afligidos.

Isaías 49.12

―――――――

Porque no tenemos un sumo sacerdote que no sea capaz
de simpatizar con nuestras debilidades, sino que
tenemos uno que ha sido tentado en todas las formas,
como nosotros, pero que no tiene pecado.

Hebreos 4.15

―――――――

Lloró Jesús.

Juan 11.35

$\mathcal{H}$as tratado alguna vez de convencer a un ratón a que no se preocupe? ¿Has logrado alguna vez tranquilizar a un roedor? Si tu respuesta es sí, entonces significa que eres más sabio que yo. Porque mis intentos fueron un fracaso. Mis palabras cayeron en pequeños oídos sordos.

No es que el animalito haya merecido las simpatías de alguien porque por él Denalyn lanzó un alarido, y por el alarido, el garaje tembló. Y porque el garaje tembló, yo fui arrancado de la región de los sueños y llamado a defender a mi esposa y a la patria. Estaba orgulloso de ir, de modo que con ánimo resuelto me dirigí al garaje.

El ratón estaba perdido de antemano. Sé jujitsu, karate, tae kwan do y varias otras... frases. Incluso he observado algunos comerciales sobre defensa personal. Ese ratón se iba a encontrar con la horma de su zapato.

Además de todo lo anterior, el pobre estaba atrapado en un contenedor de basura vacío. ¿Cómo llegó allí? Solo él lo sabe, pero no lo quiere decir. Lo sé porque se lo pregunté. Su única respuesta fue una carrera loca alrededor de la base del contenedor.

El pobre estaba asustado hasta la punta de los pelos. ¿Y quién no habría de estarlo? Imagínate atrapado en un contenedor de plástico y mirando hacia arriba solo para ver un gran (aunque simpático) rostro humano. Sería suficiente para hacerte castañetear los dientes.

«¿Qué vas a hacer con él?» me preguntó Denalyn, apretándome el brazo como para darme ánimo.

«No te preocupes, mi amor» le dije en un tono fanfarrón que la hizo desfallecer y que a John Wayne habría llenado de celos. «Ya verás cómo me las arreglo».

Dicho esto, partimos el ratón, el tarro de basura y yo hacia un espacio vacío. «Tranquilo, amigo. En un momento estarás en casa». Él no escuchaba. Cualquiera habría pensado que nos dirigíamos al lugar de ejecución. Si no hubiera puesto la tapa al tarro, el intruso habría saltado afuera. «No te voy a hacer daño», le expliqué. «Solo te voy a soltar. Te metiste en un problema, pero te voy a librar de él».

No se tranquilizó. No se quedó quieto. No... bueno, no confiaba en mí. Hasta el último momento, cuando puse el tarro en el suelo y quedó libre, ¿crees que se volvió para decir gracias? ¿Que se le ocurrió invitarme a comer a su casa? No. Simplemente corrió. (¿Sería mi imaginación o es que lo escuché gritando: «¡Retrocedan! ¡Retrocedan! Miren que Max, el que odia a los ratones, está aquí!»?)

Sinceramente. ¿Qué podría haber hecho para ganarme su confianza? ¿Aprender el idioma de los ratones? ¿Adoptar ojos de ratón y una cola larga? ¿Meterme al tarro con él? Gracias, pero no. Quiero decir, el ratón era todo lo simpático que quieras, pero no valía tanto como para que yo hiciera eso.

Aparentemente tú y yo sí que valemos.

¿Crees que es absurdo que un hombre se vuelva ratón? El viaje desde tu casa a un tarro de basura es bastante más corto que el camino del cielo a la tierra. Pero Jesús lo hizo. ¿Por qué?

Él quiere que confiemos en Él.

Piensa por un momento conmigo en lo siguiente: ¿Por qué Jesús vivió en la tierra todo el tiempo que lo hizo? ¿No pudo su vida haber sido más corta? ¿Por qué no venir a este mundo solo a morir por nuestros pecados y luego irse? ¿Por qué no un año o una semana sin pecado? ¿Por qué tuvo que vivir así toda una vida? Tomar nuestros pecados es una cosa, ¿pero hacerse cargo de nuestras quemaduras de sol, o nuestra inflamación de garganta? Experimentar la muerte, sí, ¿pero tolerar la vida? ¿Tolerar los largos caminos, los largos días y los malos caracteres? ¿Por qué lo hizo?

Porque quiere que confíes en Él.

Aun su acto final sobre la tierra lo hizo para ganar tu confianza.

Más tarde, sabiendo que ya todo estaba terminado, y que así se cumpliría la Escritura, Jesús dijo: «Tengo sed». Había allí un jarro de vinagre, así es que emparon una esponja en ella, pusieron la esponja en un palo de la planta de hisopo y la alzaron hasta los labios de Jesús. Cuando hubo recibido la bebida, Jesús dijo: «Todo ha concluido». Con eso, inclinó su cabeza y entregó su espíritu (Juan 19.28-30)

Este es el acto final de la vida de Jesús. En la conclusión de su composición terrenal, oímos los ruidos que hace un hombre sediento.

Y a través de su sed –mediante una esponja y un jarro de vino barato– hace su última petición.

«Tú puedes confiar en mí».

Jesús. Labios resquebrajados y boca de algodón. Garganta tan seca que no podía tragar y voz tan ronca que apenas podía hablar. Está sediento. Para encontrar la última vez que sus labios se humedecieron habría que retroceder una docena de horas, hasta la cena en el aposento alto. Después de haber probado esa copa de vino, Jesús había sido golpeado, abofeteado, magullado y cortado. Había llevado la cruz y cargado los pecados y su garganta no tenía ni un poco de líquido. Está sediento.

¿Por qué no hizo algo para evitar eso? ¿No podía? ¿No había hecho que jarros de agua se convirtieran en jarros de vino? ¿No hizo un muro con las aguas del río Jordán y dos muros con las aguas del Mar Rojo? ¿No hizo, con una palabra, que dejara de llover y calmó la tempestad? ¿No dice la Escritura que «cambió el desierto en estanques de agua» (Salmos 107.35), y «la roca en fuente de aguas»?

¿No dijo Dios «Derramaré agua sobre el sediento» (Isaías 44.3)?

Entonces, ¿por qué Jesús tuvo que soportar sed?

Mientras nos hacemos esta pregunta, agreguemos un poco más. ¿Por qué se cansó en Samaria (Juan 4.6), se perturbó en Nazaret (Marcos 6.6) y se enojó en el Templo (Juan 2.15)? ¿Por qué se quedó dormido en el bote en el Mar de Galilea (Marcos 4.38) y triste ante la tumba de Lázaro (Juan 11.35) y hambriento en el desierto (Mateo 4.2)?

¿Por qué? ¿Y por qué tuvo sed en la cruz?

Él no tenía por qué sufrir sed. A lo menos, no al grado que la tuvo. Seis horas antes le habían ofrecido de beber, pero Él lo había rechazado.

> Trajeron a Jesús al lugar llamado Gólgota (que quiere decir el Lugar de la Calavera). Luego le ofrecieron vino mezclado con mirra, pero él no quiso tomarlo. Y lo crucificaron. Se repartieron sus ropas y echaron suertes para ver qué se llevaría cada uno (Marcos 15.22-24).

Antes de clavarle los clavos, le ofrecieron de beber. Marcos dice que el vino estaba mezclado con mirra. Mateo dice que el vino estaba mezclado con hiel. Tanto la mirra como la hiel tienen propiedades sedativas que adormecen los sentidos. Pero Jesús los rechazó. No quiso estar aturdido por las drogas, optando en cambio por sentir el sufrimiento en toda su fuerza.

¿Por qué? ¿Por qué tuvo que soportar todos estos sufrimientos? *Porque sabía que tú también habrías de sufrirlos.*

Él sabía que tú te cansarías, te perturbarías y te enojarías. Él sabía que te daría sueño, que te golpearía el pesar y que tendrías hambre. Sabía que tendrías que enfrentarte al dolor. Si no al dolor del cuerpo, al dolor del alma... dolor demasiado agudo para cualquiera droga. Sabía que estarías sediento. Si no sed de agua, a lo menos sed por la verdad, y la verdad que recogemos de la imagen de un Cristo sediento. Él entiende.

Y porque Él entiende, podemos venir a Él.

¿No nos habríamos visto privados de Él si no hubiese entendido? ¿No nos alejamos de las personas cuando no las entendemos? Supongamos que te encontraras muy preocupado por tu situación financiera. Necesitas que algún amigo te demuestre su aprecio y te dé algún tipo de asesoría. ¿Buscarías la ayuda del hijo de un multimillonario? (Recuerda que lo que andas buscando es orientación, no una limosna.) ¿Acudirías a alguien que haya heredado una fortuna? Probablemente, no. ¿Por qué? Porque no te entendería. Y no te entendería porque nunca ha vivido lo que tú has estado viviendo de modo que no puede saber cómo te sientes.

Jesús, sin embargo, sí ha estado y sí lo puede hacer. Él ha estado donde tú estás y puede saber cómo te sientes. Y si su vida sobre la tierra no logra convencerte, lo hará su muerte en la cruz. Él entiende la situación por la que estás pasando. Nuestro Señor no simplemente se conduele o se burla de nuestras necesidades. Él responde «generosamente y sin reprocharnos» (Santiago 1.5). ¿Cómo puede hacer eso? Nadie lo ha dicho más claramente que el autor de Hebreos:

> Jesús entiende cada una de nuestras debilidades, porque él fue tentado en cada aspecto en que lo somos nosotros. ¡Pero él no pecó! De modo que cada vez que estemos en necesidad, acudamos resueltamente ante el trono de nuestro Dios misericordioso. Allí se nos tratará con inmerecida amabilidad y encontraremos la ayuda que necesitamos (Hebreos 4.15-16).

¿Por qué la garganta del cielo llegó a estar tan seca? Para que pudiéramos saber que Él entiende; para que todo el que sufre oiga la invitación: «Confía en mí».

La palabra *confiar* no aparece en el versículo que habla de la esponja y el vinagre, pero encontramos una frase que nos ayuda a confiar. Observa la frase antes de aquella donde Jesús dice que tiene sed: «Para que la Escritura se cumpliera, Jesús dijo, "Tengo sed"» (Juan 19.28). Allí, Juan nos da el motivo detrás de las palabras de Jesús. Nuestro Señor estaba preocupado por el cumplimiento de la Escritura. De hecho, el cumplimiento de la Escritura es tema recurrente en la pasión. Fíjate en esta lista:

La traición de Judas a Jesús ocurrió «para hacer realidad lo que la Escritura decía» (Juan 13.18; véase Juan 17.12).

La suerte sobre la ropa tuvo lugar «para que esta Escritura se hiciera realidad: "Dividieron mi ropa entre ellos, y echaron suerte sobre mi manto"» (Juan 19.24).

A Cristo no le rompieron las piernas «para que se cumpliera la Escritura: "Ni uno de sus huesos será roto"» (Juan 19.36).

El costado de Jesús fue horadado para que se cumpliera el pasaje que dice: «Mirarán al que traspasaron» (Juan 19.37).

Juan dice que los discípulos quedaron atónitos al ver la tumba vacía porque «no entendieron la Escritura donde dice que Jesús debía resucitar de entre los muertos» (Juan 20.9).

¿Por qué tanta referencia a la Escritura? ¿Por qué, en sus momentos finales, Jesús estuvo decidido a cumplir la profecía? Él sabía de nuestras dudas. Y de nuestras preguntas. Y como no quería que nuestras cabezas privaran a nuestros corazones de su amor, usó sus momentos finales para ofrecer la prueba de que Él era el Mesías. En forma sistemática fue cumpliendo las profecías dadas siglos atrás.

Cada detalle importante de la gran tragedia se escribió de antemano:

- la traición por parte de un amigo cercano (Salmos 41.9)

- el abandono de los discípulos después que lo apresaron (Salmos 31.11)

- la acusación falsa (Salmos 35.11)

- el silencio ante sus jueces (Isaías 53.7)

- el ser hallado sin culpa (Isaías 53.7)

- el ser incluido entre los pecadores (Isaías 53.12)

- su crucifixión (Salmos 22.16)

- las burlas de los espectadores (Salmos 109.25)

- las mofas de los incrédulos (Salmos 22.7-8)

- las suertes sobre sus ropas (Salmos 22.18)

- la oración por sus enemigos (Isaías 53.12)

- el abandono por parte de Dios (Salmos 22.1)

- la entrega de su espíritu en las manos de su Padre (Salmos 31.5)

- la decisión de no romperle las piernas (Salmos 34.20)

- su sepultura en la tumba de un hombre rico (Isaías 53.9)

¿Sabías tú que en su vida Cristo cumplió 332 profecías diferentes del Antiguo Testamento? ¿Cuáles serían las posibilidades matemáticas que habría para que una persona cumpliera todas estas profecías durante su vida?

1

840,000,000,000,000,000,
000,000,000,000,000,000,000,
000,000,000,000,000,000,000,000,000,
000,000,000,000,000,000,000,000,000,000,000

(¡Es decir, noventa y siete ceros!)[1] ¡Asombroso!

¿Por qué Jesús proclamó su sed desde la cruz? Para poner una tabla más sobre aquel puente firme por el cual pueda pasar el incrédulo.[2] Su confesión de estar sediento es una señal para todos los que le buscan de que Él es el Mesías.

Su acto final, entonces, es una palabra cálida para los cautos: «Puedes confiar en mí».

¿No necesitamos alguien más en quien confiar? ¿No necesitamos para confiar a alguien que sea más grande que nosotros? ¿No estamos cansados de confiar en personas de esta tierra para que nos entiendan? ¿No estamos cansados de confiar en las cosas de esta tierra para lograr fortaleza? Un marinero que se está ahogando no pide ayuda a otro marinero que se esté ahogando. Un preso no le ruega a otro preso que lo deje libre. Un pordiosero no va a pedir ayuda a otro pordiosero. Él sabe que necesita acudir a quien sea más fuerte que él.

El mensaje de Jesús a través de la esponja empapada con vinagre es este: Yo soy esa persona. Confía en mí.

11

«YO TE HE REDIMIDO Y TE GUARDARÉ»

LA PROMESA DE DIOS EN LA SANGRE Y EL AGUA

Cristo «ofreció para siempre un solo sacrificio
por los pecados» y «por una sola ofrenda él ha perfeccionado
para siempre a los que son santificados».

Hebreos 10.12, 14

———————

Esto es amor: no que nosotros amáramos a Dios, sino que
él nos amó a nosotros y envió a su Hijo como un sacrificio
de expiación por nuestros pecados.

1 Juan 4.10

———————

Nuestra posición es tal que podemos ser rescatados
de la muerte eterna y trasladados a la vida solo por una
sustitución total y permanente, la sustitución que Dios
mismo emprende a favor nuestro.

Karl Barth

———————

Pero aunque la palabra de Dios está completa para
el pecador, aun no ha dejado de actuar en el pecador.

Donald G. Bloesch

$\mathcal{E}$sta semana, mi nombre apareció en la sección deportiva del periódico. Tenías que buscarme, pues ahí estaba. En la cuarta página de la edición del martes, en la parte final de una página, en la conclusión de un artículo dedicado al Abierto de Golf de Texas, ahí estaba mi nombre. Con todas sus letras.

Era la primera vez. Mi nombre ha aparecido en otras partes del periódico por una variedad de razones, de algunas de las cuales me siento orgulloso y de otras no. Pero esta era la primera vez que aparecía en la sección de deportes. Tuve que esperar más de cuarenta años, pero al fin el día llegó.

También fue mi primer trofeo deportivo. Cuando estaba en el colegio casi conseguí uno, cuando quedé séptimo en el lanzamiento del disco. Pero solo dieron medallas hasta el sexto lugar, de modo que no hubo para mí. He conseguido varios trofeos en otras cosas, pero nunca en deportes. Hasta ayer. Mi primer trofeo deportivo.

Todo ocurrió así. Mi amigo Buddy es la persona que dirige la organización del Abierto de Texas de la Asociación de Golfistas Profesionales, AGP. Me preguntó si me gustaría jugar en la competencia anual de jugadores profesionales y aficionados. Lo pensé tres segundos y acepté.

El formato de esta competencia es bastante sencillo. Cada equipo tiene un jugador profesional y cuatro aficionados. Se anota el puntaje más bajo de cada jugador aficionado. En otras palabras, aunque yo no logre poner la bola en el hoyo, si otro de mi equipo lo hace, es como si yo lo hubiera hecho. Y eso es, precisamente, lo que ocurrió en diecisiete de los dieciocho hoyos.

¡Imagínate cómo me habré sentido jugando! Tomemos un hoyo cualquiera donde yo anoté un ocho y Buddy o cualquiera de mis compañeros marcaron un tres. ¿Adivinas qué puntaje se tomó en cuenta? ¡El tres! Se olvida el ocho de Max y se registra el de Buddy. Fácil, ¿verdad? Así, logré reconocimiento y notoriedad por el buen desempeño de alguien más, simplemente por ser yo parte de su equipo.

¿No ha hecho Cristo lo mismo contigo?

Lo que mi equipo hizo por mí aquel lunes, tu Señor lo hace por ti todos los días de la semana. Gracias a su trabajo puedes cerrar tu ronda diaria con un puntaje perfecto. No importa que hayas lanzado la bola entre los árboles o que la hayas sumergido en el agua. Lo que importa es que saliste a jugar y te uniste a los cuatro correctos. En este caso, tu equipo de cuatro es invencible: Tú, el Padre, el Hijo y el Espíritu Santo. No podría haber un equipo mejor.

El término teológico de dos dólares que denota es *santificación posicional*. Dicho en forma sencilla: Recibes un premio no por lo que eres, sino por a quién conoces.

En ese juego de golf se ilustró una segunda palabra. (¿Qué significa esto? ¿Buscando teología en un campo de golf?) No solo ves un cuadro de santificación posicional; hay igualmente un nítido cuadro de *santificación progresiva.*

¿Recuerdas mi contribución? Uno de dieciocho hoyos. En un hoyo hice un par. Mi par ingresó a la tarjeta de mi equipo. ¿Quieres saber en qué hoyo hice mi par? En el último. Aunque di muy poco, mi aporte fue mejorando con cada hoyo. Buddy se mantuvo dándome sugerencias y cambiando mi agarre hasta que finalmente hice mi aporte. Mejoré en forma progresiva.

El premio fue gracias al puntaje de Buddy. La mejoría llegó gracias a la ayuda de Buddy.

La santificación posicional llega por la obra de Cristo *para* nosotros.

La santificación progresiva llega por la obra de Cristo *en* nosotros.

Ambas son regalos de Dios.

«Con un sacrificio hizo perfectos para siempre a los que están siendo santificados» (Hebreos 10.14, versión libre). ¿Ves la mezcla de tiempos? «Él hizo perfectos» (santificación posicional) a los que «que están siendo santificados» (santificación progresiva).

Santificación posicional y progresiva. La obra de Dios por nosotros y la obra de Dios en nosotros. Ignora la primera y te dominará el temor. Ignora la segunda, y te convertirás en un perezoso. Ambas son esenciales, y ambas se ven en la húmeda suciedad en la base de la cruz de Cristo. Examinémosla más cuidadosamente.

La obra de Dios por nosotros

Escucha este versículo: «Pero uno de los soldados clavó su lanza en el costado de Jesús, e inmediatamente brotó de la herida sangre y agua» (Juan 19.34). Aun un lector descuidado de la Escritura notaría la conexión entre sangre y misericordia. Podemos ir atrás hasta un hijo de Adán y veremos que los adoradores sabían que «sin derramamiento de sangre no hay perdón» (Hebreos 9.22).

¿Cómo conoció Abel esta verdad? Nadie lo sabe, pero de alguna manera supo que tenía que ofrecer más que oraciones y cosechas. Él supo ofrecer una vida. Supo derramar más que su corazón y sus deseos; supo derramar su sangre. Con un campo por templo y el suelo por altar, Abel llegó a ser el primero en hacer lo que millones habrían de imitar. Ofreció un sacrificio de sangre por sus pecados.

Los que siguieron forman una larga lista: Abraham, Moisés, Gedeón, Sansón, Saúl, David... todos los cuales sabían que la sangre derramada era necesaria para el perdón de los pecados. Jacob también lo sabía; por lo tanto, juntó piedras para el altar. Salomón lo supo, y construyó el templo. Aarón lo supo, y comenzó con él el sacerdocio.

Pero la línea termina en la cruz. Lo que Abel trataba de conseguir en el campo, Dios lo logró con su Hijo. Lo que Abel comenzó, Cristo lo completó. Con su sacrificio se pondría fin al sistema de sacrificios porque «él vino como Sumo Sacerdote de este sistema mejor que tenemos ahora» (Hebreos 9.11).

Después del sacrificio de Cristo no habría más necesidad de derramar sangre. Él «una vez y para siempre llevó la sangre al cuarto interior, el Lugar Santísimo, y la esparció sobre el asiento de misericordia; pero no fue la sangre de chivos ni de becerros. No, sino que tomó su propia sangre, y por ella él mismo nos aseguró salvación eterna» (Hebreos 9.12).

El Hijo de Dios llegó a ser el Cordero de Dios, la cruz fue el altar, y nosotros fuimos «hechos santos a través del sacrificio de Cristo hecho en su cuerpo una vez y para siempre» (Hebreos 10.10).

Se pagó lo que necesitaba pagarse. Se hizo lo que había que hacer. Se exigía sangre inocente. Se ofreció sangre inocente, una vez y para siempre. Grábate profundo en tu corazón estas cinco palabras. *Una vez y para siempre.*

Al riesgo de parecerme a una maestra de la escuela elemental, permíteme hacer una pregunta elemental. Si el sacrificio se ha ofrecido una vez y para siempre, ¿necesita ofrecerse de nuevo?

Por supuesto que no. Estás santificado posicionalmente. Así como los logros de mi equipo me fueron acreditados a mí, lo alcanzado por la sangre de Jesús nos es acreditado a nosotros.

Y así como mis habilidades mejoraron a través de la influencia de un maestro, tu vida podrá mejorar mientras más y más cerca camines de Jesús. La obra por nosotros está hecha, pero la obra progresiva en nosotros se mantiene.

Si su obra para nosotros se ve en la sangre, ¿qué podría representar el agua?

Su obra en nosotros

¿Recuerdas las palabras de Jesús a la mujer samaritana? «El agua que yo te daré será una fuente de agua que brotará dentro de la persona, dándole vida eterna» (Juan 4.14). Jesús ofrece, no un trago de agua excepcional, sino un pozo artesiano perpetuo. Y el pozo no es un hueco en el patio sino que es el Espíritu Santo de Dios en nuestro corazón.

> «Si alguno cree en mí, ríos de agua viva fluirán del corazón de esa persona, como dice la Escritura». Jesús estaba hablando del Espíritu Santo. El Espíritu todavía no había venido porque Jesús aun no había sido ascendido a la gloria. Pero más tarde, los que creyeron en Jesús recibirían el Espíritu (Juan 7.38-39).

En este versículo, el agua representa al Espíritu de Jesús actuando *en* nosotros. No está trabajando para nuestra salvación; ese trabajo ya está hecho. Está trabajando para cambiarnos. Así se refiere Pablo a este proceso:

> Hagan lo bueno que resulta de *ser salvo*, obedeciendo a Dios con profunda reverencia, *retrayéndose de todo lo que pudiera desagradarle*. *Porque Dios está trabajando dentro de ti*, ayudándote a querer obedecerle y luego ayudándote a hacer lo que él quiere que hagas (Filipenses 2.12-13).

Como resultado de «ser salvos» (la obra de la sangre) ¿qué hacemos nosotros? Obedecemos a Dios «con profunda reverencia, y nos retraemos de todo lo que pudiera desagradarle». Poniéndolo en forma práctica, amamos a nuestro prójimo y nos cuidamos de no murmurar. Nos negamos a engañar en los impuestos y al cónyuge y hacemos lo mejor que podemos por amar a las personas difíciles de amar. ¿Hacemos todo esto para alcanzar la salvación? No. Esto es «las buenas cosas que resultan de ser salvo».

Una dinámica similar ocurre en el matrimonio. ¿Están un esposo y una esposa más casados que lo que lo estuvieron el primer día? ¿Podrían estar más casados que cuando se hacen los votos y firman el certificado?

A lo mejor podrían. Imagínalos cincuenta años después. Cuatro hijos más tarde. Un trío de transferencias y un racimo de valles y victorias más tarde. Después de medio siglo de matrimonio, terminan la frase iniciada por el otro y se ordenan mutuamente la comida favorita. Hasta empiezan a parecerse más y más físicamente (una perspectiva que a Denalyn hace sufrir). ¿Podría decirse que a los cincuenta años están más casados que el día de su boda?

Pero, por el otro lado, ¿cómo podrían estarlo? El certificado de matrimonio no ha madurado. Ah, pero las relaciones sí, y eso marca una gran diferencia. Técnicamente, no están más unidos que cuando abandonaron el altar. Pero relacionalmente, son completamente diferentes.

El matrimonio es tanto algo ya hecho como algo que se va desarrollando diariamente. Algo que hiciste y algo que haces.

Sucede lo mismo en nuestro caminar con Dios. ¿Puedes ser más salvado ahora que como lo fuiste el primer día de tu salvación? No. ¿Pero puede una persona crecer en la salvación? Absolutamente. Es, como el matrimonio, algo hecho y algo que se va desarrollando diariamente.

La sangre es el sacrificio de Dios por nosotros.

El agua es el Espíritu de Dios en nosotros.

Y necesitamos a ambos. Juan está muy interesado en que aprendamos esto. No es suficiente saber *lo que* vino después; debemos saber *cómo* vino después: «De una vez salió sangre y agua» (Juan 19.34). Juan no pone a una sobre la otra. Pero nosotros sí lo hacemos.

Algunos aceptan la sangre pero olvidan el agua. Quieren ser salvos pero no quieren ser cambiados.

Otros aceptan el agua pero se olvidan de la sangre. Están muy ocupados en Cristo pero nunca en paz con Cristo.

¿Cómo es tu situación? ¿Tiendes a inclinarte en uno u otro sentido?

¿Te sientes tan salvo que nunca sirves? ¿Estás tan contento con el puntaje de tu equipo que no quieres bajarte del carrito de golf? Si tal es tu caso, déjame hacerte una pregunta: ¿Por qué te habrá puesto Dios en el campo de juego? ¿Por qué no te iluminó en el momento en que te salvó? El hecho es que tú y yo estamos aquí por una razón y esa razón es glorificar a Dios en nuestro servicio.

¿O está tu tendencia completamente al otro lado? ¿Quizás sirves siempre por temor a no ser salvo. Quizás no confías en tu equipo. Temes que haya alguna carta escondida en la que esté escrito tu verdadero puntaje. ¿Es eso? Si tal es tu caso, recuerda esto: La sangre de Jesús es suficiente para salvarte.

Graba en tu corazón el anuncio de Juan el Bautista. Jesús es «el Cordero de Dios, que quita el pecado del mundo» (Juan 1.29). La sangre de Cristo no cubre tus pecados, no encubre tus pecados, no pospone tus pecados ni minimiza tus pecados. La sangre de Cristo quita tus pecados, de una vez y para siempre.

Jesús deja que tus faltas se pierdan en su perfección. Así como los cuatro golfistas estuvimos allí de pie para recibir el premio, los únicos que sabían de mi pobre actuación eran mis compañeros, y ellos no dijeron nada.

Cuando tú y yo nos pongamos de pie en el cielo para recibir nuestro premio, solo uno sabrá de nuestros pecados, pero Él no te avergonzará. Ya los ha perdonado.

De modo que disfruta el juego, amigo mío; tu premio está asegurado.

Pero aprovecha de pedirle al Maestro alguna ayuda para mejorar tu estilo.

12

«TE AMARÉ PARA SIEMPRE»

La promesa de Dios en la cruz

*Porque Dios amó tanto al mundo que dio a su Hijo
unigénito, para que quien crea en él no perezca
sino que tenga vida eterna.*

Juan 3.16

———————

*Por nuestro bien él hizo pecado al que no conoció pecado,
para que en él pudiéramos llegar a ser justicia de Dios.*

2 Corintios 5.21

———————

*Pero Dios demostró su amor por nosotros en esto: Mientras
todavía éramos pecadores, Cristo murió por nosotros.*

Romanos 5.8

———————

*Esto es amor: no que nosotros amáramos a Dios,
sino que él nos amó a nosotros y mandó a su Hijo como
sacrificio expiatorio por nuestros pecados.*

1 Juan 4.10

$\mathcal{A}$ menudo la gente me pregunta cómo se pronuncia mi apellido; si Lu-key-do o Lu-ka-do. Aunque oficialmente la pronunciación es Lu-key-do, no hay problema con Lu-ka-do.

(Sin embargo, es posible que estemos equivocados, porque cuando Billy Graham vino a San Antonio, se refirió a mí como Max Lu-ka-do. Y supongo que si Billy Graham dice Lu-ka-do, es porque tiene que ser Lu-ka-do.)

Confusiones sobre los nombres han creado momentos embarazosos. Algo así ocurrió cuando visité a uno de los miembros de la iglesia en su oficina. Una de sus colegas me reconoció. Nos había visitado en la iglesia y había leído algunos de mis libros. «¡Max Lu-ka-do!» exclamó. «Había estado esperando el momento de reunirme con usted».

Habría sido feo corregirla aun antes de conocernos de modo que solo sonreí y le dije hola, creyendo que ahí se terminaría todo. Pero era apenas el comienzo. Quería que conociera a algunos amigos suyos; así es que me llevó hasta donde estaban. Y con cada presentación, venía una mala pronunciación. «Sally, te presento a Max Lu-ka-do». «Joe, te presento a Max Lu-ka-do». «Bob, te presento a Max Lu-ka-do». «Tom, te presento a Max Lu-kado». Yo sonrío y aparento que todo está bien, incapaz de hacer algo para corregirla.

Aparte de eso, después de media docena de veces, ya no había forma de corregirla. Hacerlo habría sido demasiado complicado, de modo que mantuve la boca cerrada.

Pero entonces, las cosas cambiaron. Finalmente, nos encontramos con un empleado que le salió al paso. «Me alegro de tenerle por acá» nos dijo mientras entrábamos a su oficina. «Mi esposa y yo estuvimos en el culto el domingo, y salimos tratando de saber cómo se pronuncia su nombre. ¿Es Lu-key-do o Lu-ka-do?»

Me sentí atrapado. Si decía la verdad, ella se vería en un aprieto. Si mentía, él no recibiría la información correcta. Había que ser misericordioso con ella. Había que ser preciso con él. Quería ser amable con ella y sincero con él pero ¿cómo ser ambas cosas al mismo tiempo? No podía. De modo que mentí. Por primera vez en mi vida, dije: «Lu-ka-do, mi nombre se pronuncia Lu-ka-do».

Que me perdonen mis antepasados.

Pero ese momento no dejó de tener su valor. La situación permite vislumbrar algo del carácter de Dios. En una escala infinitamente mayor, Dios se enfrenta con la humanidad de la misma manera que yo me enfrenté con aquella dama. ¿Cómo puede ser justo y amable a la misma vez? ¿Cómo puede ser veraz y misericordioso al mismo tiempo? ¿Cómo puede redimir al pecador sin endosar el pecado?

¿Puede un Dios santo pasar por alto nuestras faltas?

¿Puede un Dios amable castigar nuestras faltas?

Desde nuestra perspectiva, hay solo dos soluciones igualmente inapelables. Pero desde su perspectiva, hay una tercera. Esta se llama «la Cruz de Cristo».

La cruz. ¿Puedes dirigir la mirada a cualquiera parte sin ver una? Encaramada en lo alto de una capilla. Esculpida en una lápida en el cementerio. Tallada en un anillo o suspendida de una cadena. La cruz es el símbolo universal del Cristianismo. Extraña decisión, ¿no crees? Extraño que un instrumento de tortura llegara a representar un movimiento de esperanza. Los símbolos de otras religiones son más optimistas: la estrella de seis puntas de David, la luna en cuarto creciente del Islam, una flor de loto del Budismo. ¿Pero una cruz para el Cristianismo? ¿Un instrumento de ejecución?

¿Te pondrías una pequeña silla eléctrica en el cuello? ¿Suspenderías una horca de oro plateado en la muralla? ¿Imprimirías una foto de un pelotón de fusilamiento en una tarjeta de negocios? Pero eso es lo que nosotros hacemos con la cruz. Muchos incluso hacen la señal de la cruz cuando oran. ¿Por qué no hacer la señal de la guillotina? En lugar de la señal triangular que la gente se hace en la frente y en el pecho, ¿por qué no un golpe de karate en la palma de la mano? ¿No vendría a ser lo mismo?

¿Por qué es la cruz el símbolo de nuestra fe? Para hallar la respuesta no hay que ir más allá de la misma cruz. Su diseño no podría ser más sencillo. Un madero horizontal y el otro vertical. Uno mirando hacia fuera, como el amor de Dios. El otro hacia arriba, como lo hace la santidad de Dios. Uno representa la anchura de su amor; el otro refleja la altura de su santidad. La cruz es la intersección. La cruz es donde Dios perdonó a sus hijos sin rebajar sus estándares.

¿Cómo pudo hacer tal cosa? En una frase: Dios puso nuestros pecados sobre su Hijo y los castigó allí.

«Dios puso lo malo sobre quien nunca hizo lo malo para que así nosotros pudiéramos aparecer como justos ante Dios» (2 Corintios 5.21).

O como se traduce en alguna parte: «¡Cristo nunca pecó! Pero Dios lo trató como a un pecador, para que así Cristo pudiera hacernos aceptables a Dios».

Visualiza el momento. Dios en su trono. Tú en la tierra. Y entre tú y Dios, suspendido entre tú y el cielo está Cristo sobre su cruz. Tus pecados han sido puestos sobre Jesús. Dios, que castiga el pecado, libera su justa ira sobre tus faltas. Jesús recibe el estallido. Como Cristo está entre tú y Dios, no estás tú. El pecado es castigado, pero tú estás a salvo, a salvo a la sombra de la cruz.

Esto es lo que hizo Dios, ¿pero por qué? ¿Por qué lo hizo? ¿Cuestión moral? ¿Obligación celestial? ¿Exigencia paternal? No. Dios no tiene que hacer nada.

Pero, pensemos en lo que hizo. Dio a su Hijo. Su único Hijo. ¿Harías tú tal cosa? ¿Ofrecerías la vida de tu hijo por la de alguna otra persona? Yo no. Hay algunos por los cuales yo daría mi vida. Pero pídeme que haga una lista de personas por las cuales mataría a mi hija, y el papel se quedaría en blanco. No necesitaría un bolígrafo. La lista no tendría nombres.

Pero la lista de Dios contiene los nombres de cada persona que ha vivido. Porque tal es el alcance de su amor. Y esta es la razón de ser de la cruz. Él ama al mundo.

«Porque de tal manera amó Dios al mundo que dio a su Hijo unigénito» (Juan 3.16).

Tan cierto como que el destello central proclama la santidad de Dios, el destello de la cruz proclama su amor. Y, oh, qué gran alcance tiene su amor.

¿No te alegra que los siguientes versículos no digan: «Porque de tal manera amó Dios a los ricos...»?

O, «Porque de tal manera amó Dios a los famosos...»?

O, «Porque de tal manera amó Dios a los delgados...»?

Pero no dice así. Ni tampoco dice: «Porque de tal manera amó a los europeos o a los africanos...» «el sobrio o el triunfador...» «el joven o el viejo...»

No, cuando leemos Juan 3.16, sencilla y felizmente leemos, «Porque de tal manera amó Dios al mundo».

¿Cuán ancho es el amor de Dios? Suficientemente ancho como para cubrir todo el mundo. ¿Estás tú incluido en el mundo? Si lo estás, entonces estás incluido en el amor de Dios.

Qué bueno es estar incluidos. Pero no siempre es así. Las universidades te excluyen si no eres lo suficientemente inteligente. El mundo de los negocios te excluye si no estás lo suficientemente calificado y, lamentablemente, algunas iglesias te excluyen si no eres lo suficientemente bueno.

Pero aunque estas instancias te puedan excluir, Cristo te incluye. Cuando se le pidió que describiera la anchura de su amor, Él extendió una mano a la derecha y la otra a la izquierda y se las clavaron estando en esa posición para que tú pudieras saber que Él murió amándote.

¿Pero no tiene esto un límite? Seguramente el amor de Dios tiene que tener un fin. ¿No te parece? Pero David el adúltero nunca lo encontró. Pablo el asesino nunca lo encontró. Pedro el mentiroso nunca lo encontró. En sus respectivas experiencias, ellos llegaron a tocar fondo. Pero en cuanto al amor de Dios, nunca ocurrió tal cosa.

Ellos, como tú, encontraron sus nombres en la lista de amor de Dios. Y sin duda puedes estar seguro que Aquel que los puso allí sabe cómo pronunciarlos.

13

YO PUEDO TRANSFORMAR TU TRAGEDIA EN VICTORIA

La promesa de Dios en los lienzos del sepulcro

Tú, oh Señor, eres nuestro Padre; nosotros somos el barro,
y tú eres nuestro alfarero, todos nosotros
somos obra de tus manos.

Isaías 64.8

Puedo hacer cualquiera cosa a través de él,
quien me da fuerza.

Filipenses 4.13

Me alegraré y me gozaré en tu amor, porque tú viste mi
aflicción y conociste la angustia de mi alma.
No me has entregado a mi enemigo sino que has puesto
mis pies en un lugar espacioso.

Salmos 31.7-8

Y el Dios de toda gracia, que te llamó a su gloria eterna
en Cristo, después de haber sufrido por un poco de tiempo,
te restaurará y te hará fuerte, firme y constante.

1 Pedro 5.10

$\mathcal{Q}$ué te parece si tenemos una charla sobre trajes fúnebres? ¿Te suena divertido? ¿Te parece un tema alegre? Difícil. Haz una lista de asuntos desagradables, y el del traje fúnebre se ubicará más o menos entre un auditoraje del Servicio de Rentas Internas y un trabajo dental de larga duración.

A nadie le gusta hablar de trajes fúnebres. Nadie trata este tema. ¿Has tratado alguna vez de amenizar la charla durante la cena con la pregunta: «¿Qué ropa te gustaría usar cuando estés en el ataúd?»? ¿Has visto alguna vez una tienda especializada en vestimentas fúnebres? (Si hubiere alguna, tengo una frase publicitaria para sugerirle: ¡Ropa como para morirse!)

La mayoría de nosotros no hablamos del tema.

El apóstol Juan, sin embargo, fue una excepción. Pregúntale, y te dirá cómo llegó a ver la vestimenta fúnebre como un símbolo de triunfo. Pero no siempre la vio de esa manera. Ellos acostumbraban ver un recordatorio tangible de la muerte de su mejor amigo, Jesús, como un símbolo de tragedia. Pero el primer domingo de resurrección Dios tomó la ropa de la muerte y la hizo un símbolo de vida.

¿Podría Él hacer lo mismo contigo?

Todos enfrentamos la tragedia. Es más, todos hemos recibido los símbolos de la tragedia. Los tuyos podrían ser un telegrama del departamento de la guerra, un brazalete de identificación del hospital, una cicatriz o una citación a los tribunales. No nos gustan estos símbolos, ni tampoco los queremos. Como restos de autos en un cementerio de vehículos, afligen nuestros corazones con recuerdos de días malos.

¿Podría Dios usar estas cosas para algo bueno? ¿Hasta dónde podemos ir con versículos como: «En todas las cosas Dios obra para el bien de los que le aman» (Romanos 8.28)? ¿Incluirá ese «todas las cosas» tumores y exámenes y adversidades y el fin? Juan podría responder, sí. Juan te podría decir que Dios *puede tornar cualquiera tragedia en triunfo si esperas y velas.*

Para probar este punto, él podría hablarte de un viernes en particular.

> Después, José de Arimatea preguntó a Pilato si podría hacerse cargo del cuerpo de Jesús. (José era un seguidor secreto de Jesús debido a que tenía miedo de algunos de los líderes). Pilato se lo permitió, así es que José vino y se llevó el cuerpo de Jesús. Nicodemo, quien había ido a Jesús de noche, estaba con José. Llevó unos treinta y cuatro kilos de mirra y áloe. Estos dos hombres tomaron el cuerpo de Jesús y lo envolvieron con las especias y tela de lino, que es la forma en que entierran a los muertos (Juan 19.38-40)

Temerosos mientras Jesús estaba vivo pero valientes en su muerte, José y Nicodemo se dispusieron a servirle. Y lo sepultaron. Ascendieron al cerro llevando la ropa fúnebre.

Pilato los había autorizado.

José de Arimatea había donado una tumba.

Nicodemo había comprado las especias y la tela.

Juan dice que Nicodemo llevó unos treinta y cuatro kilos de mirra y áloe. No deja de llamar la atención la cantidad, pues tantas especias para ungir un cuerpo correspondía a lo que se hacía solo con los reyes. Juan comenta también sobre la tela porque para él era un cuadro de la tragedia del viernes. Aunque no había ropa fúnebre, aunque no había tumba, aunque no había médico forense, había esperanza. Pero la llegada de la carroza fúnebre marcó la pérdida de cualquiera esperanza. Y para estos apóstoles, la ropa fúnebre simbolizaba tragedia.

¿Podía haber para Juan mayor tragedia que un Jesús muerto? Tres años antes, Juan había dado las espaldas a su carrera y apostado todo al carpintero de Nazaret. Al principio de la semana, había disfrutado de un imponente desfile cuando Jesús y los discípulos entraron a Jerusalén. ¡Pero cuán rápido había cambiado todo! La gente que el domingo lo había llamado rey, el viernes pedía su muerte y la de sus seguidores. Estos lienzos eran un recordatorio tangible que su amigo y su futuro estaban envueltos en tela y sellados detrás de una roca.

Ese viernes, Juan no sabía lo que tú y yo sabemos ahora. Él no sabía que la tragedia del viernes sería el triunfo del domingo. Posteriormente, Juan habría de confesar que él «no había logrado entender de las Escrituras que Jesús debía resucitar de entre los muertos» (Juan 20.9).

Por eso es que lo que hizo el sábado es tan importante.

No sabemos nada sobre ese día, no tenemos un versículo para leer ni conocimiento alguno para compartir. Todo lo que sabemos es esto: Cuando llegó el domingo, Juan todavía estaba presente. Cuando María Magdalena vino buscándole, lo encontró a él.

Jesús estaba muerto. El cuerpo del Maestro estaba sin vida. El amigo y el futuro de Juan estaban sepultados. Pero Juan no se había ido. ¿Por qué? ¿Estaba esperando la resurrección? No. Hasta donde sabía, aquellos labios se habían silenciado para siempre, y aquellas manos se habían quedado quietas para siempre. Juan no esperaba que el domingo hubiera una sorpresa. Entonces, ¿por qué estaba allí?

Seguramente pensaste que él se había ido. ¿Quién iba a decir que los hombres que crucificaron a Jesús no vendrían por él? La muchedumbre estaba feliz viendo la crucifixión; los líderes religiosos habrían querido más. ¿Por qué Juan no salió de la ciudad?

Quizás la respuesta sea pragmática; quizás estaba cuidando a la madre de Jesús. O quizás no tenía adónde ir. Es posible que no haya tenido ni dinero, ni ánimo ni un lugar... o todo eso junto.

O a lo mejor se quedó porque amaba a Jesús.

Para otros, Jesús era un hacedor de milagros. Para otros, Jesús era un maestro de la enseñanza. Para otros, Jesús fue la esperanza de Israel. Pero para Juan, él fue todo esto y más. Para Juan, Jesús era un amigo.

A los amigos no se los abandona, ni siquiera cuando hayan muerto. Por eso Juan permaneció cerca de Jesús.

Él acostumbraba estar cerca de Jesús. Estuvo cerca de él en el aposento alto. En el Jardín de Getsemaní. A los pies de la cruz en la crucifixión y en el entierro se mantuvo cerca de la tumba.

¿Entendió él a Jesús? No.

¿Le agradó lo que Jesús hizo? No.

¿Pero abandonó a Jesús? No.

¿Y tú? ¿Qué haces tú cuando estás en la posición de Juan? ¿Cómo reaccionas cuando en tu vida es sábado? ¿Qué haces cuando estás en algún punto entre la tragedia de ayer y la victoria de mañana? ¿Te apartas de Dios, o te quedas cerca de Él?

Juan decidió quedarse. Y porque se quedó el sábado, estaba allí el domingo para ver el milagro.

María dijo: «Han sacado al Señor de la tumba y no sabemos dónde lo han puesto».

Entonces Pedro y el otro seguidor salieron hacia la tumba. Ambos iban corriendo, pero el otro seguidor corría más rápido que Pedro por lo cual llegó a la tumba primero. Se inclinó y miró adentro y vio los lienzos solos, pero no entró. En seguida llegó Simón Pedro y entró en la tumba y vio los lienzos. También vio el sudario que habían puesto en la cabeza de Jesús, el cual estaba doblado y se encontraba en un lugar diferente a aquel donde estaban los lienzos. Entonces el otro seguidor, el que había llegado a la tumba primero, también entró. Y vio y creyó (Juan 20.2-8).

Muy temprano el domingo por la mañana, Pedro y Juan recibieron la noticia: «¡El cuerpo de Jesús ha desaparecido!» Había apremio en el anuncio de María y en su opinión. Creía que los enemigos de Jesús se habían llevado el cuerpo. De inmediato, los dos discípulos corrieron al sepulcro, adelantándose Juan a Pedro, por lo cual llegó primero. Lo que vio fue tan impresionante que se quedó como petrificado a la entrada de la tumba.

¿Qué vio? «Los lienzos». Vio «el sudario que habían puesto alrededor de la cabeza de Jesús... doblado y dejado cuidadosamente en un lugar aparte de donde estaban los lienzos». Vio «los lienzos».

El original griego ofrece una interesante ayuda en cuanto a esto. Juan emplea un término que quiere decir «enrollados»[1], «doblados». Los lienzos que envolvieron el cuerpo no habían sido desenrollados ni desechados. ¡Estaban intactos! Nadie los había tocado. Seguían allí, enrollados y doblados.

¿Cómo pudo ocurrir esto?

Si sus amigos habían sacado el cuerpo de allí, ¿no se habrían llevado también la tela que lo envolvía?

¿Y si hubiesen sido los enemigos, no habrían hecho lo mismo?

Si no, si por alguna razón amigos o enemigos hubieran desenvuelto el cuerpo, ¿habrían sido tan meticulosos como para dejar la tela desechada en forma tan ordenada? Por supuesto que no.

Pero si ni amigos ni enemigos se llevaron el cuerpo, ¿quién lo hizo? Esta era la pregunta de Juan y esta pregunta le llevó a hacer un descubrimiento. «Vio y creyó» (Juan 20.8).

A través de las telas de muerte, Juan vio el poder de la vida. ¿Sería posible que Dios usara algo tan triste como es el entierro de alguien para cambiar una vida?

Pero Dios acostumbra hacer cosas así:

En sus manos, jarrones de vino vacíos en una boda llegaron a ser símbolos de poder.

La moneda de una viuda llegó a ser símbolo de generosidad.

Un rústico establo de Belén es su símbolo de devoción.

Y un instrumento de muerte es un símbolo de su amor.

¿Debería sorprendernos que Dios haya tomado las envolturas de muerte para hacer de ellas el cuadro de vida?

Lo que nos lleva de nuevo a la pregunta. ¿Haría Dios algo similar en tu vida? ¿Podría él tomar lo que hoy es una tragedia y transformarlo en un símbolo de victoria?

Él lo hizo por mi amigo Rafael Rosales. Rafael es un pastor en El Salvador. Las guerrillas salvadoreñas vieron en él a un enemigo de su movimiento y trataron de matarlo. Abandonado para que muriera dentro de un vehículo en llamas, Rafael logró salir del automóvil... y del país. Pero no pudo escapar a los recuerdos. Las cicatrices no lo abandonarían.

Cada mirada en el espejo le recordaba de la crueldad de sus torturadores. Quizás nunca habría podido recuperarse si el Señor no le hubiera hablado a su corazón. «Me hicieron lo mismo a mí», oyó que le decía su Salvador. Y a medida que Dios fue ministrándolo, empezó a ver sus cicatrices en una forma diferente. En lugar de traerles a la memoria su dolor, se transformaron en un cuadro del sacrificio de su Salvador. Con el tiempo, pudo perdonar a sus atacantes. Durante la semana en que escribo esto, se encuentra visitando su país, buscando un lugar donde comenzar una iglesia.

¿Podría tal cambio ocurrirte a ti? Sin duda que sí. Solamente necesitas hacer lo que Juan hizo. No irte. Permanecer allí.

Recuerda la segunda parte del pasaje. «Dios obra para bien de *aquellos que lo aman*» (Romanos 8.28).

Así se sintió Juan respecto de Jesús. Lo amaba. No lo entendía o no siempre estuvo de acuerdo con Él, pero lo amaba.

Y porque lo amaba, permaneció cerca.

La Biblia dice que «en todo Dios obra para el bien de los que le aman». Antes de concluir este capítulo, haz este ejercicio sencillo. Quita la palabra *todo* y reemplázala con el símbolo de tu tragedia. Para el apóstol Juan el versículo diría: «En *ropa de sepultura* Dios obra para el bien de los que le aman». Para Rafael, podría ser: «En mis *cicatrices* Dios obra para el bien de los que le aman».

¿Cómo diría Romanos 8.28 en tu vida?

En el hospital Dios obra para el bien de los que le aman.

En el proceso de divorcio Dios obra para el bien de los que le aman.

En la cárcel Dios obra para el bien de los que le aman.

Si Dios puede cambiar la vida de Juan a través de una tragedia, ¿podría usar una tragedia para cambiar la tuya?

Con todo lo difícil que puede ser creer, tú podrías estar a solo un sábado de una resurrección. Solo a horas de esa preciosa oración de un corazón cambiado: «Dios, ¿hiciste esto por mí?»

14

«YO HE ALCANZADO LA VICTORIA»

LA PROMESA DE DIOS EN LA TUMBA VACÍA

Con la cruz, [Dios] alcanzó la victoria.

Colosenses 2.15

En la mañana de resurrección... el sofocante silencio que aislaba el dominio de la muerte del mundo de los vivos fue, de repente, hecho añicos.

Gilbert Bilezikian

Pero ahora, en un solo golpe victorioso de la Vida, pecado, culpa, muerte, se han ido, el regalo de nuestro Maestro, Cristo Jesús. ¡Gracias, Dios!

1 Corintios 15.57

Pero gracias sean dadas a Dios, quien siempre nos guía en victoria a través de Cristo.

2 Corintios 2.14

$\mathcal{S}$U NACIMIENTO

Lo que dijo el rey Herodes cuando le anunciaron el nacimiento de Jesús.
«Mátenlo. En este rincón del mundo hay espacio solo para un rey».

El número de líderes religiosos que creyeron que en Belén había nacido un mesías. Cero.

La clase de personas que creyeron. Algunos pastores distraídos que cuidaban a sus ovejas por la noche, y una pareja de recién casados que decían tener más experiencia en traer al mundo a un niño que en tener realciones sexuales.

La recompensa que recibieron José y María por traer a Dios al mundo. Dos años en el exilio aprendiendo egipcio.

Este fue el comienzo del movimiento cristiano. (Y esos fueron los años tranquilos.)

SU MINISTERIO

Lo que se decía de Jesús en las calles de la ciudad cuando él afirmaba haber sido enviado por Dios. Familia de tarados. ¿Han visto a su primo?

La reacción de la gente de su ciudad. Apedréenlo.

La opinión de sus hermanos. Métanlo preso.

El número de discípulos que Jesús reclutó. Setenta.

El número de discípulos que lo defendieron de las autoridades. Cero.

La valoración de los seguidores de Jesús tal como apareció en la página editorial del periódico de Jerusalén. Un grupo de desocupados reclutados en los muelles y en las zonas rojas.

El número de leprosos y ciegos y cojos sanados por Jesús. Demasiados para contarlos.

El número de leprosos y ciegos y cojos sanados por Jesús que lo defendieron el día de su muerte. Cero.

SU EJECUCIÓN

La opinión popular en cuanto a Jesús antes que hiciera la limpieza del Templo. Seguro que se postulará al cargo.

La opinión popular sobre Jesús después de haber limpiado el Templo. Vamos a ver cuánto tarda en salir corriendo.

La decisión del concilio judío. Tres clavos y una lanza.

Lo que se decía en las calles de Jerusalén después de la muerte de Jesús. Debió de haberse quedado en el negocio de los muebles.

El número de veces que Jesús profetizó que volvería a la vida después del tercer día de haber muerto. Tres.

El número de apóstoles que oyeron la profecía. Todos.
El número de apóstoles que esperaron ante la tumba para ver si cumplía lo que había dicho. Cero.

El número de sus seguidores que creyeron en la resurrección antes que ocurriera. Saca tú mismo la cuenta.

Las apuestas que a lo mejor se hicieron en las esquinas al día siguiente de la crucifixión sobre la posibilidad que el nombre de Jesús llegara a ser conocido en el año 2000. «Mejor te voy a dar las probabilidades de que resucitará de entre los muertos».

Su movimiento

La reacción oficial de los líderes judíos a los rumores de la resurrección. Por supuesto que dicen que está vivo. ¡Qué otra cosa iban a decir!

La verdadera respuesta de los líderes judíos a la resurrección de Jesús. «Un gran número de los sacerdotes judíos creyeron y obedecieron» (Hechos 6.7).

La decisión de los líderes judíos sobre la iglesia. «Si su plan viene de autoridad humana, fracasará. Pero si es de Dios, ustedes no podrán detenerlo» (Hechos 5.38-39).

La reacción de la iglesia. «El número de los seguidores crecía» (Hechos 6.1).

La reacción oficial de los líderes judíos a la conversión de Saulo. ¡Que mal rayo te parta, fariseo traidor! No pasarán meses antes que vayas a parar a la cárcel, y entonces ¿qué harás? ¿Dedicarte a escribir cartas?

¿Qué entendió Saulo, llamado después Pablo, que sus excolegas no entendieron? «Dios dio [a Jesús] como el medio de recibir el perdón de los pecados» (Romanos 3.25).

EL MOVIMIENTO CONTINÚA

La creencia del filósofo francés Voltaire. La Biblia y el cristianismo habrán pasado dentro de cien años. Él murió en 1778. El movimiento continúa.

Lo que afirmó Friedrich Nietzsche en 1882. «Dios ha muerto». El amanecer de la ciencia, creía él, sería el fin de la fe. La ciencia ha amanecido; el movimiento continúa.

La forma en que el diccionario comunista define a la Biblia. «Es una colección de leyendas fantásticas sin ningún respaldo científico». El comunismo se está extinguiendo; el movimiento continúa.

El descubrimiento hecho por cada persona que ha tratado de sepultar la fe. El mismo que hicieron los que trataron de sepultar a su Fundador: Él no permaneció en la tumba.

Los hechos. El movimiento nunca ha estado más fuerte. Más de mil millones de católicos y poco menos de protestantes.

La pregunta. ¿Cómo se explica esto? Jesús fue un hombre rústico. Nunca escribió un libro y nunca tuvo una oficina. Nunca se alejó más de trescientos kilómetros de su ciudad. Sus amigos lo abandonaron. Uno lo traicionó. Aquellos a quienes Él ayudó lo olvidaron. Antes de su muerte ya lo habían abandonado. Pero después de su muerte no pudieron resistirlo. ¿Qué hizo la diferencia?

La respuesta. Su muerte y resurrección.

Porque cuando Él murió, murió tu pecado.

Y cuando Él resucitó, resucitó tu esperanza.

Porque cuando Él resucitó, su tumba cambió de residencia permanente en vivienda temporal.

La razón por qué lo hizo. El rostro en tu espejo.

El veredicto después de dos milenios. Herodes tenía razón: hay espacio para solo un Rey.

15

¿QUÉ DEJARÁS TÚ
EN LA CRUZ?

*Confía en el Señor con todo tu corazón y no te fíes
de tu propio entendimiento: reconócelo en todos tus caminos,
y él enderezará tus calzadas.*

Proverbios 3.5-6

———————

Echa toda tu ansiedad sobre él porque él tiene cuidado de ti.

1 Pedro 5.7

———————

*Nadie puede percibir bien el poder de la fe a menos
que la sienta por experimentarla en su corazón.*

Juan Calvino

———————

*Tú, en tu conciencia, debes sentir a Cristo. Debes vivir,
inequívocamente, la Palabra de Dios, aun cuando el mundo
entero la rechace. Si no experimentas esto, no has llegado
a saber aún qué es la Palabra de Dios.*

Martín Lutero

𝒜hora, el cerro se ha aquietado. No en calma, pero aquietado. Por primera vez en todo el día no se escucha un ruido. Los gritos empezaron a ceder cuando la oscuridad, esa sorprendente oscuridad del mediodía, cayó sobre la tierra. Como el agua que apaga el fuego, las sombras apagaron la irrisión. No más burlas. No más bromas. No más bufonadas. Y, poco a poco, no más mofas. Uno a uno los espectadores empezaron a descender.

Es decir, todos los espectadores menos tú y yo. Nosotros no nos fuimos. Vinimos a aprender. Por eso permanecimos en la semioscuridad y escuchamos. Oímos a los soldados maldiciendo, a los que pasaban haciendo preguntas y a las mujeres llorando. Pero más que nada, oímos al trío de moribundos quejándose. Quejidos broncos, guturales, pidiendo agua. Se quejaban con cada movimiento de cabeza o con cada cambio de posición de las piernas.

Pero a medida que los minutos se fueron convirtiendo en horas, los quejidos fueron disminuyendo. Parecía que los tres habían muerto. De no ser por su respirar entrecortado, cualquiera hubiera pensado que en efecto ya no vivían.

Y entonces, Él gritó. Como si alguien lo hubiera halado del pelo, la parte posterior de su cabeza dio contra el letrero que tenía escrito su nombre, y gritó. Como un cuchillo corta la cortina, su grito cortó la oscuridad.

Estirado tanto como se lo permitían los clavos, gritó como cuando alguien llama a sus amigos que se han ido: «*¡Eloi!*»

Su voz sonaba áspera, chirriante. La llama de una antorcha danzaba en sus ojos que permanecían abiertos. «¡Dios mío!»

Haciendo caso omiso de la corriente de dolor que cual volcán en erupción surgía de él, se estiró hacia arriba hasta que sus hombros estuvieron a mayor altura que sus manos clavadas. «¿Por qué me has abandonado?»

Los soldados miraron con asombro. Las mujeres dejaron de lamentarse. Uno de los fariseos dijo, sarcásticamente: «¡Está llamando a Elías!»

Nadie se rió.

Había hecho una pregunta a los cielos, y era de esperar que el cielo le diera una respuesta.

Y aparentemente se la dio. Porque la expresión de Jesús se suavizó. Y la tarde cayó mientras él decía las que habrían de ser sus últimas palabras: «Todo ha terminado. Padre, en tus manos encomiendo mi espíritu».

Y al exhalar su suspiro final, la tierra se sacudió violentamente. Una roca se desprendió y empezó a rodar mientras un soldado tropezaba. Luego, tan repentinamente como el silencio fue roto, se restableció.

Y ahora todo está quieto. Las burlas han cesado. Nadie se mofa.

Los soldados están atareados limpiando los vestigios de muerte. Han venido dos hombres. Bien vestidos y de modales finos, se les entrega el cuerpo de Jesús.

Y nosotros nos quedamos con los residuos de su muerte.

Tres clavos en un arca.
Tres cruces que se perfilan contra las sombras.
Una corona entretejida con manchas rojas.

Grotesco, ¿no? ¿Que esta sangre no sea sangre de hombre sino de Dios?

Ridículo, ¿verdad? ¿Que con esos clavos hayan colgado tus pecados en una cruz?

Absurdo, ¿no te parece? ¿Que la oración de un canalla haya obtenido respuesta? ¿O más absurdo que otro delincuente no haya querido orar?

Chifladuras e ironías. El cerro del Calvario es, precisamente, esas dos cosas.

Debimos de haber descrito el momento en una forma diferente. ¡Pregúntanos cómo debió Dios de haber redimido el mundo y te lo diremos! Caballos blancos, espadas llameantes. El maligno aplastado. Dios sobre su trono.

¿Pero Dios sobre una cruz?

¿Un Dios sobre una cruz con la boca abierta, los ojos inflamados y sangrando?

¿Una esponja arrojada a su rostro?

¿Una espada clavada en su costado?

¿Dados lanzados a sus pies?

No. No habríamos podido escribir el drama de la redención de esta manera. Pero, de nuevo, nadie nos pidió hacerlo. Estos actores, principales y secundarios, fueron reclutados en el cielo y ordenados por Dios. No se nos pidió a nosotros fijar la hora.

Pero sí se nos ha pedido que reaccionemos a ella. Para que la cruz de Cristo sea la cruz de tu vida, tú y yo necesitamos llevar algo al cerro.

Hemos visto lo que Jesús trajo. Con manos heridas ofreció perdón. A través de su piel horadada prometió aceptación. Dio los pasos para llevarnos de vuelta a casa. Vistió nuestra propia ropa para darnos la suya. Hemos visto los regalos que trajo.

Cabe preguntarnos ahora: ¿Qué llevaremos nosotros?

No se nos pidió que pintáramos el letrero ni que lleváramos los clavos. No se nos pidió que lo escupiéramos ni que compartiéramos la corona. Pero se nos ha pedido que hagamos el camino y dejemos algo en la cruz.

Por supuesto, no tenemos que hacerlo. Muchos no lo hacen.

Muchos han hecho lo que nosotros hemos hecho. Más decididos que nosotros han leído acerca de la cruz; mejor dispuestos que yo, han escrito acerca de la cruz. Muchos se han preguntado qué dejó Jesús; pocos se han preguntado qué debemos dejar nosotros.

¿Quieres que te sugiera algo que podrías dejar en la cruz? Puedes observar la cruz y analizarla. Puedes leer sobre ella e incluso orar por ella. Pero mientras no dejes algo allí, no habrás abrazado la cruz.

Has visto lo que Jesús dejó. ¿No querrías tú dejar algo también? ¿Por qué no comienzas con tus *malos momentos*?

¿Aquellos malos hábitos? Déjalos en la cruz. ¿Tus egoísmos y las mentiritas blancas? Entrégaselos a Dios. ¿Tus parrandas y tus intolerancias? Dios quiere que se lo des todo. Cada caída, cada fracaso. Él quiere cada una de estas cosas. ¿Por qué? Porque sabe que nosotros no podemos vivir con eso.

Crecí jugando fútbol en el terreno vacío junto a nuestra casa. Muchas tardes de domingo las pasé tratando de imitar a Don Meredith o a Bob Hayes o a Johnny Unitas. (No tenía que imitar a Joe Namath. La mayoría de las muchachas decía que yo ya me parecía a él.)

Los campos en el Oeste de Texas están llenos de un pasto que tiene unas espinas en forma de estrellas pero que son muy dolorosas cuando se adhieren a la piel. Y como el fútbol no se puede jugar sin caerse, imagínense cómo me iría a mí.

Más veces de las que puedo recordar caí sobre ese pasto y se me pegaron tantas espinas que obligadamente tenía que salir en busca de ayuda. Los niños no esperan que otros niños los ayuden a levantarse cuando caen sobre ese pasto tan peligroso. Se necesita a alguien con habilidad para hacerlo. Me iba rengueando para la casa donde mi papá me sacaba las espinas, pacientemente, una por una.

Yo no era muy brillante, pero esto sí lo sabía: Si quería volver al juego, tenía que conseguir que alguien me quitara las espinas.

Cada falta en la vida es como una de aquellas espinas. No se puede vivir sin caer, y no hay caída sin daño. ¿Pero, sabes una cosa? No siempre somos tan sabios como los jóvenes jugadores de fútbol. A veces tratamos de volver al juego sin quitarnos las espinas. Esto ocurre, por ejemplo, cuando no queremos que nadie sepa que nos caímos y actuamos como si no tuviéramos ninguna molestia. Como consecuencia, vivimos con dolor. No podemos caminar bien, dormir ni descansar bien. Y nos ponemos insoportables.

¿Querrá Dios que vivamos de esa manera? De ningún modo. Esta es su promesa: «Este es mi compromiso con mi pueblo: quitar sus pecados» (Romanos 11.27).

Dios hace más que perdonar nuestras faltas; ¡Él las quita! Lo que nosotros sencillamente tenemos que hacer es llevárselas a Él.

Él no solo quiere las faltas que hemos cometido. ¡También las que estamos cometiendo! ¿Estás cometiendo una en este momento? ¿Estás bebiendo demasiado? ¿Estás engañando en tu trabajo? ¿En tu matrimonio? ¿Estás administrando mal tu dinero? ¿Tu vida?

Si es así, no trates de aparentar que todo está bien. No intentes hacer creer que no has caído. No trates de volver al juego. Acude primero a Dios. El primer paso después de una caída debe darse en dirección de la cruz. «Si confesamos nuestros pecados a Dios, siempre podremos confiar que nos perdonará y quitará nuestros pecados» (1 Juan 1.9).

¿Qué puedes dejar en la cruz? Comienza con tus malos momentos. Y mientras estás allí, entrega a Dios tus *momentos de enojo*.

¿Recuerdas la historia de aquel hombre a quien mordió un perro? Cuando supo que el perro tenía rabia, empezó a hacer una lista. El doctor le dijo que no era necesario que hiciera su testamento, que iba a mejorar de la rabia. «No, no», le dijo el hombre, «no estoy preparando mi testamento. ¡Estoy haciendo una lista de todas las personas a las que voy a salir a morder!»

¿No hacemos todos nosotros una lista? Ya tú has aprendido que los amigos no siempre son todo lo amigables que esperamos que sean. Los vecinos no siempre son amistosos. Algunos trabajadores nunca trabajan y algunos jefes están siempre arriba de uno.

Ya te has dado cuenta que una promesa que se hace no siempre es una promesa que se cumple, ¿verdad? No porque alguien se llame tu papá, significa que actuará como tal. Aun cuando tus padres digan «sí» en el altar, es posible que en el matrimonio digan «no».

¿Te habías dado cuenta que tenemos la tendencia a pelearnos con la gente que no nos agrada? ¿Morderlos? Mantenemos una lista y estamos con los dientes apretados y listos para gruñir.

Dios quiere que le entregues esa lista. Él inspiró a uno de sus siervos para que escribiera: «El amor no lleva un registro de los errores» (1 Corintios 13.5). Él quiere que dejemos nuestra lista en la cruz.

No es fácil.

«¡Pero fíjate en lo que me hicieron!», protestamos mostrando nuestras heridas.

«¡Fíjate lo que yo hice por ti!» nos recuerda, y señala a la cruz.

Pablo dijo: «Si alguien hace algo malo contra ti, perdónale porque el Señor te perdonó a ti» (Colosenses 3.13).

A ti y a mí se nos ha ordenado –no sugerido, *ordenado*– no guardar registro de las faltas.

Además ¿quieres de veras mantener una lista? ¿Realmente quieres llevar un registro de todas las veces en que te han tratado mal? ¿Quieres ir quejándote y gimoteando por la vida? A Dios no le agrada la idea. Libérate de tus pecados antes que te infecten y te domine la amargura y entrega a Dios tu ansiedad antes que sea tarde. Entrégale a Dios tus *momentos de ansiedad.*

Un hombre le contó a su sicólogo que sus ansiedades le estaban quitando el sueño. Algunas noches soñaba que era una tienda de acampar; otras, que era una tienda de las que usan los indios. Rápidamente, el doctor analizó la situación y le dijo: «Ya sé cuál es su problema. Usted está demasiado tenso».

La mayoría de nosotros lo estamos. Como padres quizás hemos sido demasiado rígidos. Mis hijas están en la edad en que los jovencitos empiezan a conducir automóvil. Parece que fue ayer que les estaba ayudando a aprender a caminar y ahora ya están detrás del volante de un automóvil. Es sorprendente. Estoy pensando seriamente en mandar a hacer una calcomanía especial para el auto de Jenna que diga: «¿Cómo manejo? Llame al 1-800-mi-papá».

¿Qué hacer con estas preocupaciones? Literalmente: Dejarlas en la cruz. La próxima vez que estés preocupado por tu salud, o la casa, o las finanzas o los viajes, emprende un viaje mental al cerro. Pasa allí unos momentos mirando de nuevo las cosas relacionadas con la pasión.

Pasa tu dedo por el filo de la lanza. Balancea un clavo en la palma de tu mano. Lee el letrero escrito en tu propio idioma. Y mientras haces esto, toca el suelo sucio, manchado con la sangre de Dios.

Sangre que derramó por ti.

La lanza que le clavaron por ti.

Los clavos cuyo dolor sintió por ti.

El letrero que dejó allí por ti.

Todo esto lo hizo por ti. Sabiendo esto, sabiendo todo lo que hizo por ti allí, ¿todavía piensas que no tendrá cuidado de ti aquí y ahora?

O, como escribió Pablo: «Dios no quiso retener a su propio Hijo, sino que lo dio por nosotros. Si Dios hizo esto, ¿cómo no nos va a dar generosamente todas las cosas?» (Romanos 8.32).

Hazte un favor: deja tus momentos de ansiedad en la cruz. Déjalos allí junto con tus momentos malos, tus momentos de ira y tus momentos de ansiedad. ¿Podría sugerirte una cosa más? También tu *momento final.*

Salvo que Cristo regrese antes, tú y yo tendremos un momento final. Un último suspiro. Un momento en que nuestros ojos se cerrarán y nuestro corazón dejará de latir. En una fracción de segundo dejarás lo que conoces y entrarás en lo que no conoces.

Esto es lo que nos molesta. La muerte es la gran desconocida. A pesar de eso, siempre estamos haciendo bromas con lo desconocido.

Sara lo hizo. Denalyn y yo creímos que era una gran idea. Secuestraríamos a nuestras hijas de la escuela y las llevaríamos en un paseo de fin de semana. Hicimos reservaciones en un hotel y arreglamos los detalles pertinentes con los profesores, pero sin que las niñas supieran nada. Cuando el viernes por la tarde nos presentamos ante Sara en la sala del cuarto grado, pensamos que saltaría de alegría. Pero no lo hizo. Se mostraba temerosa. ¡No quería abandonar la sala de clases!

Cuando nos fuimos, le aseguramos que no ocurriría nada malo. Habíamos venido para llevarla a un lugar muy divertido. No funcionó. Cuando subimos al auto, se puso a llorar. Estaba confundida. No le agradaba la interrupción.

A nosotros tampoco. Dios promete venir en un momento en que no lo esperamos para llevarnos de este mundo gris que conocemos a un mundo dorado que no conocemos. Y como no lo conocemos, no estamos seguros de querer irnos. Incluso nos sentimos mal cuando pensamos en su venida.

Por esta razón, Dios quiere que hagamos lo que Sara finalmente hizo: confiar en el padre. «No se turbe tu corazón ni tenga miedo», nos dice. «Vendré otra vez y os tomaré para que estén conmigo y así puedan estar donde yo estoy» (Juan 14.1, 3).

Entre paréntesis, en poco tiempo Sara se tranquilizó y disfrutó el viaje. Tan a gusto estaba que no quería regresar a casa. Tampoco tú querrás volver acá.

¿Problemas respecto de los momentos finales? Déjalos a los pies de la cruz.

Déjalos allí con tus momentos malos, tus momentos de ira y tus momentos de ansiedad.

Acerca de este tiempo, alguien podría decirme: «Mira, Max, si dejo todos esos momentos en la cruz, me voy a quedar solo con los momentos buenos».

Bueno, ¿qué te parece? Tienes toda la razón.

PALABRAS FINALES

$\mathcal{N}$o había nada de extraordinario en esa carta. Ni letras en relieve, ni filigrana, ni papel especial, ni logo. Solo una hoja de papel color amarillo y tamaño legal, con la parte superior dentada después de haberla sacado del cuaderno.

Nada extraordinario en la escritura manuscrita. Así había sido siempre. Cuando niño, trataba de imitarla. Pero tú no querrías imitar esta caligrafía; te costaría mucho descifrarla. Líneas en ángulo. Letra irregular y espaciado inconstante.

Pero era lo mejor que mi padre podía hacer. El mal de Lou Gehrig había debilitado sus manos al punto que le costaba un mundo llevarse el tenedor a la boca, mucho menos escribir palabras en una página. Imagínalo escribiendo con el lápiz tomado con todos los dedos de la mano y estarás cerca de entendeer lo que te estoy diciendo.

Fue la última carta que nos escribió. El alzheimer y el tiempo frío estuvieron a punto de matarlo. Denalyn y yo corrimos a casa desde Brasil y pasamos un mes comiendo comida de hospital y turnándonos junto a su lecho. Se recuperó y volvimos a Sudamérica. Un día o algo así después de haber llegado, recibimos esta carta.

Enero 19, 1984

Queridos Max y Denalyn,
Nos alegramos que hayan regresado sin novedad. Ahora normalícense para retomar el trabajo. Disfrutamos de su visita hasta más no poder. Incluso las noches que pasaron conmigo.

MAX, PASE LO QUE PASE, MANTÉNGANSE SIEM-
PRE UNIDOS, TÚ Y DENALYN.

Bueno, no necesito seguir garabateando. Sé que saben cuánto los amo. Vivan todos ustedes buenas vidas cristianas en el TEMOR DE DIOS.

Espero volver a verlos aquí en la tierra; si no, será en el cielo.

Un montón de amor,
Papá

Me imagino a papá escribiendo esta carta. Apoyado en una cama de hospital, lápiz en mano, el cuaderno sobre las rodillas. Pensando que quizás este sería su mensaje final. ¿Habrá escogido las palabras con cuidado? Claro que sí.

¿Te puedes imaginar a ti haciendo lo mismo? ¿Puedes imaginarte tu mensaje final a tus seres amados? ¿Tus últimas palabras a un hijo o a tu esposa?

¿Qué les dirías? ¿Cómo lo dirías?

Aun si no pudieras contestar la primera pregunta, quizás puedas contestar la segunda. ¿Cómo dirías tus últimas palabras? ¿Con calma? ¿Cuidadosamente? ¿Por qué no como Monet, buscando no el color exacto sino la sombra perfecta, el matiz apropiado? La mayoría de nosotros solo tenemos una oportunidad para decir nuestras palabras finales.

Fue todo lo que tuvo Jesús. Sabiendo que sus obras finales serían ponderadas para siempre ¿no crees que él las enfrentó con todo cuidado? ¿Con toda calma? Sin duda que sí. Aquel día no hubo accidentes. Los momentos finales de

Jesús no fueron dejados al azar. Dios escogió la ruta; Él seleccionó los clavos. Nuestro Señor plantó el trío de cruces y pintó el letrero. Nunca Dios fue más soberano que en los detalles de la muerte de su Hijo. Con la tranquilidad que mi padre escribió la carta, así tu Padre te dejó este mensaje:

«Lo hice por ti. Todo lo hice por ti».

otas

Capítulo 2: «Compartiré tu lado oscuro»

1. Michel de Montaigne, *Quote Unquote*, citado en Lloyd Cory ed., (Wheaton, Ill.: Victor Books, 1977), 297.

Capítulo 5: «Te hablaré en tu propio idioma»

1. Isabel McHugh y Florence McHugh, trad., *El juicio de Jesús: Proceso judío y romano contra Cristo Jesús descrito y confirmado por los más antiguos relatos* por Josef Blinzleer (Westminster, Md.: The Newman Press, 1959), 103.

2. George Sayer, *Jack: Una vida de C.S. Lewis* (Wheaton, Ill.: Crossway Books, 1994), 222.

3. McHugh y McHugh, *El juicio de Jesús*, 104.

Capítulo 6: «Te dejaré escoger a ti»

1. Paul Aurandt, *El resto de la historia de Paul Harvey* (New York: Bantam Press, 1977), 47.

Capítulo 7: «Yo no te abandonaré»

1. «Pues si vosotros, siendo malos, sabéis dar buenas dádivas a vuestros hijos, ¿cuánto más vuestro Padre que está en los cielos dará buenas cosas a los que le pidan?» (Mateo 7.11).

2. Frank Stagg, *Teología del Nuevo Testamento* (Nashville: Broadman Press, 1962), 102.

Capítulo 8: «Te daré mi túnica»

1. McHugh y McHugh, *El juicio de Jesús*, 1038.

Capítulo 9: «Te invito a venir a mi presencia»

1. Diccionario bíblico ilustrado, vol. 3 (Wheaton, Ill.: Tyndale House, 1980), 1525.

Capítulo 10: «Yo entiendo tu dolor»

1. William Hendriksen, *Exposición del Evangelio según San Juan*, de *Comentario del Nuevo Testamento* (Grand Rapids: Baker Book House, 1953), 431.

2. Salmos 22.15; 69.21.

Capítulo 13: «Yo puedo transformar tu tragedia en victoria»

1. Arthur W. Pink, *Exposición del Evangelio Según San Juan* (Grand Rapids: Zondervan, 1975), 1077.

2. William Barclay: *El Evangelio de Juan*, vol. 2, ed. rev.)Philadelphia: Westminster Press, 1975), 267.

Capítulo 15: «¿Qué dejarás tú en la cruz?»

1. ¿Captaste la idea? *Too tense* (Demasiado tenso) *Two tents* (Dos tiendas). *¿De qué te quejas?*

GUÍA DE ESTUDIO

COMPILADA POR STEVE HALLIDAY

1

¿TÚ HICISTE ESTO POR MÍ?

Los clavos

A. «Oh, las cosas que hacemos para dar regalos a las personas que amamos».

   1. Describe algunos de los más apreciados regalos que has recibido de un ser querido.

   2. Describe un regalo especial que hayas recibido de alguien a quien amas. ¿Qué lo hace tan especial?

   3. ¿Por qué estamos dispuestos a hacer tanto por aquellas personas que amamos?

B. «Nos sentimos de lo mejor cuando damos. De hecho, cuando lo hacemos nos parecemos más a Dios».

   1. ¿Qué crees que quiere decir Max cuando hace esta afirmación?

   2. ¿Estás de acuerdo con él? ¿Por qué sí y por qué no?

   3. ¿Cómo podrías ser como Dios en cuando a dar esta semana?

C. «¿Te has preguntado alguna vez por qué Dios da tanto? Podríamos existir con mucho menos. Él pudo haber dejado el mundo plano y en blanco y negro. No nos habríamos percatado de la diferencia. Pero no lo hizo».

   1. ¿Por qué crees que Dios da tanto?

   2. ¿Qué aspectos de la creación de Dios alegran más tu corazón?

3. ¿Por qué es la salvación el regalo más maravilloso?

D. «Cada regalo revela el amor de Dios... pero ningún regalo revela mejor su amor que los regalos de la cruz».
   1. ¿Qué regalos has recibido de Dios? ¿Qué significan para ti?

   2. Prepara una lista de varios «regalos de la cruz» y explica cómo revelan el amor de Dios.

   3. ¿Qué regalo de la cruz habla más fuertemente a tu corazón? ¿Por qué?

Una mirada al corazón de Dios
A. Lee Romanos 6.23.
   1. ¿Qué regalo de Dios se menciona aquí?

   2. ¿Cómo se recibe este don?

   3. ¿Cuál es la conexión de Jesús con este don?

B. Lee 2 Corintios 9.15.
   1. ¿Qué regalo de Dios se menciona aquí?

   2. ¿Por qué se dice que este don es «indescriptible»?

   3. ¿Cuál va a ser nuestra respuesta a este don? ¿Por qué?

C. Lee 1 Pedro 1.3-5.
   1. ¿Qué don de Dios se describe aquí?

   2. ¿Dónde se guarda este don? ¿Por qué se guarda ahí?

   3. ¿Cuándo se recibe este don? ¿Cómo podemos estar seguros?

D. Lee Santiago 1.17-18.

1. ¿De adónde vienen los dones buenos?

2. ¿Qué decidió hacer Dios por nosotros? ¿Cómo lo consiguió?

3. ¿Por qué Dios decidió hacer esto? ¿Qué esperaba conseguir?

E. Lee Mateo 7.9-11

1. ¿Qué dice este pasaje?

2. ¿Qué promesa se encuentra aquí? ¿Cómo es que esta promesa se hace realidad en nosotros?

Una decisión para actuar

A. Si somos «más como Dios cuando damos», ¿cómo podrías «ser como Dios» esta semana? ¿A quién podrías bendecir con un regalo que no espera? ¿Qué clase de regalo podría ser ese? ¿Cómo podrías presentarlo para hacer de ese momento algo extra especial? Planifica los detalles para hacer este regalo y luego entrégalo antes que finalice la semana.

B. Separa por lo menos quince minutos para dar gracias a Dios por todos los regalos que te ha hecho. Antes de empezar, haz una lista de los regalos por los cuales estás especialmente agradecido. Concluye tu tiempo de oración con un enfoque especial sobre el don de la salvación de Dios. Trata que durante tiempo no haya peticiones sino preocúpate de derramar tu corazón en acción de gracias a Dios por todos los regalos maravillosos que te ha dado.

2

«YO COMPARTIRÉ
TU LADO OSCURO»

Los clavos

A. «A raíz de la maldición, somos diferentes. Bestiales. Feos. Provocadores. De mal humor. Hacemos cosas que sabemos que no debemos hacer y nos preguntamos por qué las hicimos».

1. ¿A qué hace referencia Max cuando habla de «la maldición»? ¿Por qué esto cambió todo?

2. ¿En qué clase de situaciones tu «naturaleza caída» tiene más posibilidades de resurgir?

3. Si te sientes bien haciendo eso, describe la última vez que hiciste algo que sabías que no tenías que hacer solo para preguntarte después por qué lo hiciste.

B. «Los soldados se creyeron grandes haciendo que Cristo pareciera pequeño. ¿Siempre hicieron eso? Quizás tú nunca has escupido a nadie pero ¿has hablado mal de otra persona? ¿Calumniado? ¿Has alzado alguna vez la mano enfurecido o vuelto los ojos en arrogancia?

1. Describe un tiempo cuando viste a alguien tratando de sentirse grande a través de hacer que otra persona pareciera pequeña.

2. Responde a las preguntas de Max. ¿Por qué actuaste así? ¿Qué ocurrió cuando lo hiciste?

3. ¿Cómo te ayudaron estas experiencias a crecer y a cambiar?

C. «No es que nosotros no podamos hacer algo bueno. Podemos. Lo que pasa es que no podemos dejar de hacer lo malo. En términos teológicos, somos totalmente depravados. Aunque hechos a la imagen de Dios, hemos caído. Estamos corrompidos desde el corazón. El centro mismo de nuestro ser es vanidoso y perverso».

1. En tus propios términos, ¿cómo definirías «depravación total»?

2. ¿Crees que sea imposible para nosotros dejar de hacer lo malo? Explica.

3. Describe la primera vez que viste en ti que «el centro de nuestro ser es vanidoso y perverso».

D. «Un cerdo puede mirarse entre sus pares y decir: Estoy tan limpio como cualquiera. Comparado con los humanos, sin embargo, ese cerdo necesita ayuda. Comparado con Dios, nosotros los seres humanos necesitamos lo mismo. La medida para una vida sin pecado no se halla en el charco de los cerdos en la tierra sino en el trono del cielo. Dios mismo es la medida».

1. ¿Por qué tenemos la tendencia a compararnos con otros que nos rodean? ¿Qué hay de malo al hacer esta comparación?

2. ¿En qué manera es Dios la medida para nuestra forma de ser?

3. ¿Qué clase de ayuda para nuestra propensión al pecado podemos esperar recibir del «trono del cielo»? Explica.

E. «En la Biblia, la Bella... se transforma en la bestia para que la bestia pueda transformarse en la bella. Jesús cambia lugar con nosotros».

1. ¿Quién es «la Bella»? ¿Quién es «la bestia»?

2. ¿Qué quiere decir Max cuando dice que «Jesús cambia lugar con nosotros»?

3. ¿Cuál es «la bestia» en ti? (¿Qué rasgos animales debe Dios perdonar en ti?)

Una mirada al corazón de Dios

A. Lee Salmos 36.1; 51.5; Jeremías 17.9; Romanos 3.10, 23; Efesios 2.3.

1. ¿Qué afirmación hacen estos versículos acerca de nosotros?

2. ¿Cómo afecta esto nuestra relación con Dios? ¿Con los demás?

3. ¿En qué manera estos versículos nos pintan como «bestiales»?

A. Lee Jeremías 13.23 y Romanos 8.7.

1. ¿Qué posibilidades de cambio tenemos si confiamos en nuestros propios recursos? Explica.

2. ¿Qué quiere decir tener una mente «controlada por el yo pecaminoso»? ¿Cuáles son los resultados de este estado?

C. Lee Romanos 6.23; Hebreos 12.14; Proverbios 10.16.

1. ¿Cuáles son «las pagas del pecado»?

2. ¿Qué se promete a los que no tienen una vida santa?

3. ¿Con qué paga Dios «a los malos»?

D. Lee Gálatas 3.13-14.
1. ¿Qué hizo Jesús por nosotros?

2. ¿Por qué lo hizo?

3. ¿Qué consiguió al hacerlo?

Una decisión para actuar
A. Algunas personas creen que la etiqueta «depravación total» suena demasiado extrema. Para estas personas, Max plantea el siguiente desafío: «Durante las próximas veinticuatro horas lleva una vida sin pecado». Inténtalo. Un día de esta semana, trata de llevar a la práctica el desafío de Max (y anota detalladamente lo que pase).
B. Busca un lugar tranquilo de tu casa, siéntate, cierra tus ojos y trata de ponerte en el lugar de Jesús durante los horribles momentos cuando los soldados lo maltrataron. Imagínate las bofetadas en el rostro, las burlas crueles y la saliva de los escupitajos corriendo por sus mejillas. ¿Qué sientes? ¿Qué estás pensando? Recuerda: Jesús hizo todo eso no solo por los soldados que lo golpearon, sino por ti. Asegúrate de darle las gracias por decidirse a sufrir esos horribles abusos por ti.

3

«YO LOS AMÉ TANTO QUE ME HICE COMO UNO DE USTEDES»

Los clavos

A. «Cuando Dios entró en el tiempo y se humanizó, Él que no tenía limitaciones llegó a tenerlas. Se vio preso en un cuerpo humano, limitado por músculos y párpados que se cansaban. Por más de tres décadas, su alcance una vez sin fronteras se vio reducido al largo de su brazo y su velocidad al paso del pie de un hombre».

   1. ¿Cuál crees que debió de haber sido la parte más dura al pasar de un estado sin limitaciones a otro restringido? ¿Por qué?

   2. ¿Te resulta fácil pensar en un Jesús completamente humano(aunque sin pecado)? Explica.

   3. ¿Por qué cambió Jesús su condición sin límites que tenía en el cielo por las duras restricciones de la tierra?

B. «A través de toda la Escritura, las espinas simbolizan, no el pecado, sino la consecuencia del pecado. ¿Recuerdas el Edén? Después que Adán y Eva pecaron, Dios maldijo la tierra... Espinos sobre la tierra son el producto del pecado en el corazón».

   1. ¿En qué forma las espinas son un símbolo apropiado para las consecuencias del pecado?

   2. ¿Qué clase de «espinas» has tenido que soportar en tu vida? Explica.

3. ¿Por qué piensas que a las espinas en la cabeza de Jesús las llamaron «una corona»? ¿Por qué no «guirnalda» o «círculo»?

C. «Jesús nunca conoció los frutos del pecado... hasta que se hizo pecado por nosotros. Y cuando lo hizo, todas las sensaciones de pecado cayeron sobre Él como sombras sobre los árboles. Se sintió ansioso, culpable y solo».
1. Describe algunas de las «sensaciones del pecado» que hayas tenido.

2. ¿De qué manera el pecado hizo que Jesús se sintiera «ansioso»? ¿Culpable?

3. ¿Por qué el pecado crea en nosotros estas sensaciones de dolor?

D. «¿Quisieras saber la cosa más maravillosa sobre Aquel que dejó su corona en el cielo para aceptar otra de espinas? Lo hizo por ti. Solo por ti».
1. Trata de explicar cómo te sientes al saber que Jesús cambió la corona del cielo por una de espinas «solo por ti».

1. ¿Cómo se puede saber si esto es verdad? Explica

Una mirada al corazón de Dios
A. Lee Juan 19.2-3.
1. ¿Qué hicieron los soldados según este pasaje?

2. ¿Por qué hicieron eso? ¿Qué querían lograr?

3. ¿Por qué Jesús estuvo dispuesto a soportar ese trato tan brutal?

B. Lee Colosenses 1.19 y Juan 1.14

1. ¿Qué nos enseñan estos pasajes acerca de Jesús? ¿Qué revelan estas escrituras sobre su humanidad? ¿Su santidad?

2. ¿Qué significa que Jesús estuviera lleno de «gracia» y de «verdad»?

C. Lee 1 Pedro 1.18-20

1. ¿En qué sentido hemos sido «comprados»?

2. ¿Cuál fue «el precio» por el cual se nos compró?

3. ¿Por qué Cristo fue «manifestado al mundo»?

D. Lee Mateo 27.45-46

1. ¿Cuál es la importancia de las «tinieblas» descritas en este pasaje?

2. ¿Por qué Jesús clamó «en alta voz»?

3. ¿Por qué, en este punto, Dios había abandonado a Jesús?

1. Lee Salmos 22 para entender más cabalmente el terrible clamor de Jesús.

Una decisión para actuar

A. Lleva a cabo esta semana un pequeño «trabajo de campo». Si las condiciones del tiempo te lo permiten, visita un campo abierto cerca de tu casa donde puedas estar cerca de algunas espinas. Busca diversas clases y recoge unas pocas. Fíjate en su textura; aplícalas a tu piel de modo de sentir lo agudo de sus punzadas. Imagínate horadando el cuero cabelludo del Salvador. Trata de alcanzar una comprensión más profunda y renovada sobre lo que Jesús estuvo dispuesto a hacer por ti.

A. Durante una semana, medita en la corona de espinas que pusieron en la cabeza de Jesús. Anota cualquier pensamiento nuevo que te permita entender mejor lo hecho por Jesús. Comparte tus conclusiones con algún amigo.

4

«YO TE PERDONO»

Los clavos

A. «¿Te gustaría que alguien viera la lista de tus errores y faltas? ¿Qué se hiciera pública? ¿Cómo te sentirías si las exhibieran de modo que todo el mundo, incluyendo al propio Jesucristo, pudiera leerla?
   1. Responde a las preguntas que hace Max.

   2. Si esta lista de tus debilidades personales se pusiera en la puerta de tu casa ¿cómo crees que reaccionarían quienes te visiten?

B. «Suspendida de la cruz hay una lista detallada de tus pecados. Las malas decisiones del año pasado. Las actitudes incorrectas de la semana pasada. Allí, en un brillante despliegue para que todo el cielo pueda verla, hay una lista de tus faltas».
   1. ¿Crees que en realidad exista una lista así? Explica.

   2. Si tal lista existiera, ¿cómo te haría sentir? Explica.

C. «La lista que Dios ha hecho, sin embargo, no se puede leer. Las palabras no se pueden descifrar. Las faltas están cubiertas. Los pecados están escondidos. Los de la parte superior están tapados por su mano; los de la parte interior están cubiertos por su sangre».
   1. ¿Cómo es que Dios cubre tu «lista»?

   2. ¿Cómo te hace sentir saber que esta lista está escondida y encubierta? ¿Por qué?

D. «¿Qué lo hizo mantenerse firme en su decisión? Esta garantía, esta tabulación de tus faltas. Él sabía que el precio por tales pecados era la muerte. Él sabía que la fuente de tales pecados eras tú, y como no estaba dispuesto a pensar en una eternidad en la que no estuvieras tú, escogió los clavos».

1. ¿Cómo esta tabulación de tus fracasos hizo que Jesús resistiera los clavos?

2. ¿Por qué su muerte es el precio del pecado? ¿No es un poco riguroso?

3. ¿Cómo te hace sentir el pensamiento que Jesús «no estaba dispuesto a pensar en una eternidad en la que no estuvieras tú»?

Una mirada al corazón de Dios

A. Lee Hechos 2.22-24

1. En este pasaje, ¿cómo describe Pedro el ministerio de Jesús?

2. Según Pedro, ¿quién llevó a Cristo por sobre los «hombres inicuos»?

3. ¿Qué parte jugaron los clavos en este suceso?

B. Lee Colosenses 2.13-14

1. ¿Qué hizo Dios por nosotros?

2. ¿Cómo lo logró?

3. ¿Qué clase de deuda canceló Dios? ¿Cómo se logró eso?

1. ¿De qué manera fue «clavada» en la cruz nuestra «lista» de pecados?

C. Lee Romanos 3.22-25

1. ¿Qué quiere decir «quedar excluido de la gloria de Dios»? ¿Quién ha hecho esto?

2. ¿Qué significa ser «justificado»? ¿Cómo se logró esto?

3. ¿Cómo accede la fe a la obra de Cristo en la cruz?

1. ¿Has puesto tu fe en la obra de Cristo? Si sí, explica cómo. Si no, ¿por qué aun no?

Una decisión para actuar

A. Para llegar a tener una pequeña impresión de la enormidad de lo que Dios te ha perdonado a ti en Cristo, escribe en una hoja de papel cada pecado que hayas cometido en los dos últimos días. Que no se te quede nada sin anotar: palabras ásperas, actitudes descuidadas, acciones egoístas. No te apresures al hacer la lista. Trata de hacerla como si estuvieras preparando un inventario. Después que hayas anotado a conciencia todo lo que pudiste recordar, destruye la lista. Y da gracias a Dios porque Él te ha perdonado «todos tus pecados».

B. Una forma de agradecer a Dios por su perdón infinito es seguir su ejemplo y perdonar a quienes nos han hecho mal. ¿Hay alguien en tu vida a quien necesites perdonar? ¿Alguien que necesite oírte decir: «Te perdono»? No te demores más; busca a esa persona y perdónala con el amor de Cristo.

5

«YO TE HABLARÉ EN TU PROPIO IDIOMA»

Los clavos

A. «Sabio es el hombre que aprende el lenguaje no verbal de su esposa, que sabe discernir las señales y los gestos. No es lo que se dice, sino cómo se dice. No es cuándo, sino dónde. Un buen esposo es un buen decodificador. Es alguien que sabe leer las señales».

  1. Si tú estás casado, ¿conoces el «lenguaje no verbal» de tu cónyuge? Si tu respuesta es afirmativa, describe ese lenguaje. ¿Cómo lograste aprenderlo?

  2. Describe tu propio lenguaje no verbal. ¿Qué gesto quiere decir «déjame solo»? ¿Qué énfasis quiere decir «me has ofendido»?

B. ¿Podría ser que este pedazo de madera sea un cuadro de la devoción de Dios? ¿Un símbolo de su pasión para hablarle al mundo de su Hijo? ¿Un recordatorio que Dios hará lo que sea para compartir contigo el mensaje de este letrero?»

  1. ¿Cómo fue ese letrero sobre la cruz un «cuadro de la devoción de Dios»?

  2. ¿Cómo el letrero habló al mundo de Jesús? ¿Qué dijo?

  3. ¿Cómo ha llevado Dios a cabo ese «haré lo que sea» para compartir contigo su amor?

C. «El letrero revela dos verdades sobre el deseo de Dios de alcanzar al mundo:
   - No hay persona a quien Él no use.
   - No hay lenguaje que Él no hable».
   1. ¿A qué persona usó Dios para alcanzarte?

   2. ¿Qué lenguaje usó Dios para alcanzarte?

   3. ¿Cómo querría usarte Dios para alcanzar a alguien más? ¿Qué «lenguaje» tendrías que hablar tú a tales personas?

D. «Pilato quería que el letrero fuera una amenaza y una burla contra los judíos. Pero el propósito de Dios era otro... Pilato fue instrumento de Dios para la extensión del evangelio».
   1. ¿En qué forma quería Pilato que ese letrero fuera una amenaza y una burla para los judíos?

   2. ¿En qué manera fue Pilato un instrumento de Dios para la expansión del evangelio?

   3. Describe algún incidente en tu vida en el cual Dios haya usado una mala intención humana para hacer que se cumpliera su santa voluntad?

E. «¿En qué lenguaje te está hablando Dios?
   - El lenguaje de la abundancia
   - El lenguaje de la necesidad
   - El lenguaje de la aflicción»
   1. ¿Qué quiere decir Max por el «lenguaje de la abundancia»?

   2. Explica eso de «lenguaje de la necesidad».

   3. ¿Cómo definirías el «lenguaje de la aflicción»?

4. ¿En qué manera pareciera que Dios nos habla más frecuentemente? Explica.

Una mirada al corazón de Dios

A. Lee Juan 19.19-22

  1. ¿Quién autorizó el letrero que fue colocado en la cruz?

  2. ¿Qué decía ese letrero?

  3. ¿Qué idiomas se usaron para comunicar el mensaje del letrero? ¿Por qué esos tres?

  4. ¿Cómo reaccionó el jefe de los sacerdotes ante el letrero? ¿Por qué?

  5. ¿Cómo respondió Pilato al jefe de los sacerdotes? ¿Por qué?

B. Lee Lucas 23.38-43.

  1. ¿Cómo uno de los malhechores crucificados con Jesús se dirigió a Él? ¿Por qué?

  2. ¿Cómo lo hizo el otro? ¿Por qué?

  3. ¿Cómo muestra el versículo 42 que el segundo malhechor pudo haber estado influenciado por el letrero que había en la cruz de Jesús?

  4. ¿Cómo respondió Jesús a la solicitud de este segundo malhechor?

C. Lee Romanos 10.17.

  1. ¿Cómo viene la fe a una persona?

  2. ¿Qué significa «por la palabra de Dios»?

3. ¿Cómo, según este versículo, guiarías tú a alguien a tener fe en Cristo? Si has tenido alguna vez este privilegio, describe lo que ocurrió.

D. Lee 1 Corintios 9.22.
1. ¿Qué métodos usó el apóstol Pablo para predicar a Cristo a otros?

2. ¿Qué nos enseña este versículo sobre usar el «lenguaje» correcto para alcanzar a los hombres y a las mujeres para Cristo?

3. ¿Qué quiso decir Pablo con «por todos los medios posibles»? (véase la Nueva Versión Internacional). ¿Qué nos sugiere esto en relación con nuestros esfuerzos evangelísticos?

Una decisión para actuar

A. Prepara una lista de diez personas a quienes conozcas que todavía no han aceptado a Cristo en sus corazones. Empieza orando esta semana para que Dios provea a un creyente –preferiblemente tú mismo- para que hable a cada persona de Cristo. Luego empieza a buscar oportunidades para testificar a tus amigos sobre el amor de Cristo.

A. Haz una pequeña investigación en el libro de los Hechos para ver los métodos y las circunstancias que los apóstoles usaron para predicar a Cristo a hombres y mujeres no salvos. ¿Qué métodos usaron? Según el libro de los Hechos ¿qué formas de «lenguajes» usó Dios para atraer personas a Él?

6

«DEJARÉ QUE ESCOJAS TÚ»

Los clavos

A. «Edwin y James Booth. El mismo padre, la misma madre, profesión y pasión, pero uno escogió la vida y el otro, la muerte. ¿Cómo pudo ocurrir tal cosa? No lo sé, pero ocurrió».

1. ¿Qué podría explicar por qué estos dos hermanos hicieron tan diferentes decisiones?

2. ¿Cuáles factores influyeron más en las decisiones que hicieron? ¿Deseo de seguridad? ¿Amor? ¿Miedo? ¿Conciencia? ¿Sentido de lo correcto y lo erróneo?

B. «Esta verdad está revelada en cada etapa de la historia, en cada página de la Escritura: Dios nos deja hacer nuestras propias decisiones».

1. ¿Por qué crees tú que Dios nos deja hacer nuestras propias decisiones?

2. ¿Qué «gran» decisión estás enfrentando en estos momentos? ¿Cómo actuarás?

C. «Dios nos deja hacer decisiones eternas, las que tienen consecuencias eternas».

1. ¿Qué quiere decir Max por «decisiones eternas»?

2. ¿Es justo que algunas decisiones tengan consecuencias eternas? Explica.

D. «Hay ocasiones cuando Dios nos envía truenos para sacudirnos. Hay ocasiones cuando Dios envía bendiciones para atraernos. Pero también hay ocasiones cuando Dios guarda silencio para honrar nuestra libertad de escoger dónde habremos de pasar la eternidad».

1. Describe una ocasión cuando Dios mandó un trueno para que te despertaras.

2. ¿Ha mandado Dios alguna vez bendiciones para atraerte? Explica.

3. ¿Por qué Dios guarda silencio cuando estamos frente a una gran decisión?

E. «El ladrón que se arrepintió está disfrutando del fruto de una buena decisión que hizo. Al final, todas sus malas decisiones fueron redimidas por un solo hombre bueno».

1. ¿Es justo que todas las malas decisiones de uno puedan ser redimidas por un solo hombre bueno? Explica.

2. ¿Conoces a alguien que, hacia el final de su vida, haya hecho una decisión por Cristo? Describe la conversión de esa persona.

Una mirada al corazón de Dios

A. Lee Mateo 27.38-44 y Lucas 23.39-43.

1. ¿Qué clase de hombres fueron crucificados con Jesús? Descríbelos.

2. ¿Cómo podemos estar seguros que ocurrió un cambio en el corazón de uno de los dos hombres? ¿Qué crees tú que fue lo que provocó tal cambio?

3. ¿Cómo respondió Jesús a la petición de este hombre? ¿Por qué respondió como lo hizo?

B. Lee Colosenses 1.12-14
  1. ¿Quién tomó la iniciativa en este pasaje? ¿Qué fue lo que hizo?

  2. En qué tenemos que «compartir»? ¿Cómo se hizo esto posible?

  3. ¿De qué fuimos rescatados? ¿Para qué se nos liberó?

  1. ¿Qué se nos ha dado en «su amado Hijo»?

B. Lee Mateo 6.24; 7.13-14, 24-27: 25.32-33
  1. ¿Qué decisiones se nos permiten en estos pasajes?

  2. ¿Qué decisión has hecho en cada una de estas áreas de tu vida? ¿Cómo hiciste estas decisiones?

D. Lee Deuteronomio 30.19-20 y Josué 24.14-15.
  1. ¿Qué decisiones se nos presentan en estos pasajes? ¿Quién tiene que hacer las decisiones?

  2. ¿Qué decisión has hecho en esta difícil área de la vida? Explica.

Una decisión para actuar
  A. Lee una biografía de un connotado héroe cristiano del pasado, y pon atención especial en las decisiones difíciles que tuvo que hacer. ¿Qué impulsó estas decisiones? ¿Qué pudo haber ocurrido si esta persona se hubiera negado a hacer una decisión difícil? ¿Cómo podrías beneficiarte de su ejemplo?
  B. Si ya has hecho la decisión de recibir a Jesús como tu Salvador y Señor, escribe tu testimonio enfatizando en cómo llegaste a esta decisión. Luego dedica un tiempo a pensar en lo que Dios hizo para ganar tu corazón.

7

«YO NO TE ABANDONARÉ»

Los clavos

A. «Basta con mirar el rostro de una mamá mientras atiende a su bebé. O a los ojos de un papá cuando acuna a su hijo. Trata de causar daño o hablar mal de un niño. Si lo haces, te enfrentarás a una tremenda fuerza, porque el amor de una madre o de un padre es una fuerza tremenda».

1. Describe un incidente en el cual tú o alguien que conoces ha puesto en acción esta «fuerza tremenda» de la cual habla Max.

2. ¿Puedes explicar por qué el amor de un padre es una fuerza tan tremenda?

B. «Si nosotros los seres humanos que somos pecadores tenemos tal amor, ¿cuánto más Dios, el Padre sin pecado y sin vanidad, no nos amará? ¿Pero qué pasa cuando el amor no es correspondido? ¿Qué pasa en el corazón de un padre cuando su hijo se va?

1. ¿Cómo has experimentado tú el amor de Dios? ¿Cómo ha expresado Él su paternidad hacia ti?

2. ¿Cómo reaccionaban tus padres cuando uno de sus hijos se rebelaba? Si tú tienes hijos, ¿cómo reaccionas tú? ¿Cómo piensas que reacciona Dios?

C. «El orgullo dice: Tú eres demasiado bueno para Él La vergüenza dice: Tú eres demasiado malo para Él. El orgullo te aleja. La vergüenza te mantiene lejos. Si antes de la caída está el orgullo, entonces la vergüenza es lo que impide que te levantes después de una caída».

1. ¿Cómo se relacionan el orgullo con la vergüenza? ¿Qué cosas tienen en común?

2. ¿A qué eres tú más susceptible, al orgullo o a la vergüenza? Explica.

D. «Madeline tragó duro y miró el sobre. Lo abrió y sacó una tarjeta. Sé donde estás, leyó. Sé lo que haces. Pero esto no cambia en absoluto lo que siento por ti. Todo lo que te he dicho en cada carta sigue siendo verdad».

1. Trata de ponerte en los zapatos de Madeline. ¿Qué pudo haberte impedido que leyeras las cartas de tu padre? ¿Qué, finalmente, te habría hecho leerlas?

2. Trata de ponerte en los zapatos de su padre. ¿Cómo te habrías sentido al descubrir la situación de tu hija? ¿Por qué saberlo todo no cambió en nada lo que sentías por ella?

E. «¿Volverías a casa y bailarías de nuevo con tu padre?»

1. Describe tus sentimientos cuando leíste por primera vez esta línea.

2. ¿Te ha pedido Dios alguna vez «que vuelvas a casa y dances» de nuevo con Él? Si es así, describe la situación.

Una mirada al corazón de Dios

A. Lee Lucas 15.11-24.

1. ¿Qué hizo que el joven abandonara el hogar?

2. ¿Qué le pasó después que se fue?

3. ¿Cómo reaccionó cuando se le acabó el dinero?

4. ¿Cómo reaccionó su padre cuando su hijo regresó? ¿Qué parte de las palabras Dios no dejó que el joven las dijera?

5. ¿Por qué el padre reaccionó en la forma que lo hizo? ¿En qué sentido este es un cuadro de Dios?

B. Lee Romanos 5.6-11.
   1. ¿Cuándo Jesús murió por los «injustos»? ¿Quién está incluido entre los «injustos»?

   2. ¿Qué contraste usa este pasaje para destacar el amor de Dios? ¿Qué es lo extraordinario en esto?

   3. ¿Qué significa ser «justificado por su sangre»?

   4. ¿Qué significa ser «salvado de la ira de Dios» mediante Cristo?

   5. ¿Cuál es la conexión entre las expresiones ser «reconciliado» y ser «salvado»? ¿Cómo deben distinguirse ambas?

   6. ¿Cuál debería ser nuestra reacción para ser reconciliados con Dios?

C. Lee 2 Corintios 5.19.
   1. ¿Cómo reconcilió Dios a los pecadores con Él?

   2. ¿Por qué Dios no toma en cuenta ningún pecado contra los que han sido reconciliados?

   3. ¿Cómo una persona llega a estar reconciliada con Dios? ¿Por qué esto no es automático?

Una decisión para actuar

A. Compara y establece un contraste entre la historia del hijo pródigo de Lucas 15 y la historia trágica de David y Absalón en 2 Samuel 13.19.8. ¿En qué aspectos son similares estas historias? ¿En qué aspectos son diferentes? ¿Qué debió haber hecho David para evitar la tragedia que cayó sobre su familia?

B. Si tú tienes hijos, piensa en algo especial que podrías hacer para demostrarles tu amor incondicional a cada uno de ellos. Quizás escribiéndoles una carta larga; quizás una visita a algún punto fuera de la ciudad; quizás un viaje en el cual los hijos sean el centro de atención. Lo que sea, planéalo y hazlo lo antes posible.

8

«YO TE DARÉ
MI TÚNICA»

Los clavos

A. «Yo necesitaba un saco, pero todo lo que tenía era una oración. El hombre fue lo suficientemente amable para no echarme de allí pero también demasiado respetuoso de los reglamentos como para rebajar los estándares. Así, el único que me exigía un saco me lo proporcionó, con lo que nos fue posible conseguir una mesa. ¿No es algo similar lo que ocurrió en la cruz?

   1. ¿En qué se parece la historia de Max con lo que ocurrió en la cruz?

   2. ¿En qué se diferencia la historia de Max con lo que ocurrió en la cruz?

B. «El vestuario puede simbolizar el carácter, y cual su vestuario, el carácter de Jesús era sin costura. Coordinado. Unificado. Él era como su túnica: perfección ininterrumpida».

   1. ¿En qué manera el carácter de Jesús era «sin costura».

   2. ¿Por qué fue tan importante que el carácter de Jesús fuera sin costura?

B. «Cuando Cristo fue clavado en la cruz, Él se despojó de su túnica de absoluta perfección y se vistió de una túnica diferente, la túnica de la indignidad».

   1. ¿Cómo experimentó Jesús las indignidades siguientes?:

- la indignidad de la desnudez
- la indignidad del fracaso
- la indignidad del pecado
2. Ponte en la escena de la crucifixión. Como un seguidor de Jesús, cuáles de estas indignidades crees que fue para Jesús la más difícil de llevar? ¿Por qué?

D. «Mientras estuvo en la cruz, Jesús sintió la indignidad y la desgracia de un criminal. Él no era culpable ni había cometido pecado alguno. Tampoco merecía haber sido sentenciado. Pero tú y nosotros sí éramos culpables y merecíamos el castigo».
   1. ¿En qué sentido somos tú y yo «criminales»?

   2. ¿Por qué es necesario que creas que en realidad eres un «criminal» antes que pongas tu fe en Jesucristo?

E. «Jesús ofrece una túnica pura y sin costuras y se pone la mía, miserable, llena de orgullo, codicia y egoísmo».
   1. ¿Cómo podemos aceptar la oferta de Jesús de una túnica de pureza sin costura? ¿Lo has hecho ya? Explica.

   2. ¿Qué tenemos que hacer con nuestra «miserable túnica de orgullo, codicia y egoísmo»? ¿Cómo se puede hacer esto?

Una mirada al corazón de Dios
A. Lee Juan 19.23-24
   1. ¿Qué hicieron los soldados con la ropa de Jesús? ¿Por qué lo hicieron?

   2. ¿Por qué los soldados no rompieron la túnica de Jesús?

   3. ¿En qué manera los soldados, sin saberlo, cumplieron la profecía?

B. Lee 1 Pedro 2.24-25;3.18; Gálatas 3.13.

1. Según 1 Pedro 2.24, ¿qué hizo Jesús con nuestros pecados? ¿Cuál fue el resultado?

2. ¿Cuál es la importancia de la frase en 1 Pedro 3.18, «de una vez y para siempre»? ¿Por qué es importante recordarla? ¿Cuál fue el propósito de su muerte?

3. ¿Cómo, según Gálatas 3.13, la ley fue una «maldición» para nosotros? ¿Cómo se quitó esta maldición? ¿Cómo fue esto, también, el cumplimiento de una profecía?

C. Lee Gálatas 3.26-29 y Romanos 13.8-14.

1. Según Gálatas 3.26 ¿cómo se puede llegar a ser un hijo de Dios? ¿Cómo una persona puede llegar a vestirse de Cristo? (v. 27). ¿Qué significa esto?

2. Según Gálatas 3.29 ¿cuáles son los beneficios de usar tal vestimenta? ¿Qué significa esto para ti personalmente?

3. ¿Por qué en Romanos 13.11 Pablo hace una distinción entre «nuestra salvación» y «cuando primero fuimos bautizados»? ¿En qué manera están relacionados? ¿En qué manera son diferentes?

4. ¿Qué quiere decir Pablo en Romanos 13.14 cuando dice: «Vestíos del Señor Jesucristo»? ¿Se diferencia en su uso con la misma metáfora que encontramos en Gálatas 3.27? Explique.

Una decisión para actuar

A. ¿Qué aspectos del carácter sin costuras de Cristo se te hace más difícil «ponerte»? ¿Qué áreas de la vida te causan más problemas? ¿Cómo puedes «vestirte de Cristo» en estas áreas? Haz un inventario de tu vida e identifica los tres desafíos más grandes que enfrentas en el área de desarrollo de un carácter piadoso. Luego pasa un tiempo hablando de estas cosas al Señor, pidiéndole su ayuda para «poner a Cristo» en estas áreas difíciles.

B. Visita un refugio para personas desamparadas o un ministerio de beneficencia de una iglesia local. Dona algún tiempo para alimentar a los hambrientos o para limpiar el lugar. Llama antes para saber cómo puedes cooperar con ropa o comida para su uso, y asegúrate que lo que dones esté en buen estado. Usa tu don de dar como una oportunidad para recordarte de la nueva ropa espiritual que usas gracias a Cristo. Y dale gracias.

9

«TE INVITO
A MI PRESENCIA»

Los clavos

A. «¿Qué comunicaba, mil quinientos años atrás una cortina en el Lugar Santísimo? Sencillo. Dios es santo... separado de nosotros y a quien nadie se le podía acercar».

1. ¿Qué significa para ti la palabra santo? ¿Cómo se la definirías a alguien que nunca la había oído?

2. ¿Por qué habrá querido Dios comunicar su santidad a nosotros? ¿Por qué esto es tan vital?

B. «Jesús no podía dejarnos con un Dios inalcanzable. Sí, Dios es santo. Sí, nosotros somos pecadores. Pero sí, sí, sí, Jesús es nuestro mediador».

1. ¿Cuál es la función de un mediador? ¿De qué manera Jesús es nuestro mediador con Dios?

2. ¿Cómo ha hecho Jesús para que Dios esté al alcance? ¿Con cuánta frecuencia te beneficias de este libre acceso a Dios?

C. «Podemos entrar en la presencia de Dios cualquier día a cualquiera hora. Dios ha quitado la barrera que nos separaba de Él. ¿La barrera del pecado? Abajo. Él ha quitado la cortina».

1. ¿En qué manera no solo somos *capaces* de entrar a la presencia de Dios, sino que se nos da la bienvenida? ¿Qué diferencia hace esto?

2. ¿Cuál es la «cortina» que se ha quitado? ¿Cómo fue quitada?

D. «Tenemos la tendencia de volver a poner las barreras. Aunque en el templo no hay cortina, hay una cortina en el corazón. Como los tic-tac en el reloj son las faltas del corazón. Y a veces, no, a menudo, dejamos que estas faltas nos alejen de Dios. Nuestra conciencia culpable se transforma en una cortina que nos separa de Dios».

1. ¿Sufres por esta tendencia a «poner la barrera de nuevo»? Si es así, ¿qué es lo que usualmente te hace poner una barrera?

2. ¿Cómo puedes evitar sentirte culpable al levantar una cortina que te separe de Dios?

E. «En alguna parte, en algún momento, de alguna manera te has metido en el tarro de la basura y luego has tratado de evitar a Dios. Has dejado que un velo de culpa se alce entre tú y tu Padre. Te preguntas si alguna otra vez podrás estar de nuevo cerca de Dios. El mensaje de la carne desgarrada es que sí puedes. Dios te espera. Dios no te está evitando. Dios no te resiste. La cortina está caída, la puerta está abierta, y Dios te invita a entrar».

1. Describe un tiempo en tu vida cuando trataste de evitar a Dios. ¿Cómo te manejaste en medio de la crisis?

2. ¿Hay diferencia entre *imaginarse* que la puerta de Dios está cerrada y que la puerta esté realmente *cerrada*? Explica.

Una mirada al corazón de Dios

A. Lee Levítico 10.1-3; 16.1-2.

1. ¿Por qué murieron los dos hijos de Aarón, según Levítico 10?

2. ¿Qué instrucciones recibió Aarón en Levítico 16? ¿Qué le enseñó esto a él (y qué nos enseña a nosotros) sobre acercarse a Dios?

B. Lee Mateo 27.50-51.
   1. ¿Qué pasó cuando Jesús clamó la última vez?

   2. ¿Qué es lo importante en la frase «de arriba abajo»?

C. Lee Efesios 2.13-18.
   1. Según el versículo 13, ¿cómo fue que fuimos acercados a Dios?

   2. Según los versículos 15-16, ¿cómo fue que Jesús destruyó la barrera?

   3. Según el versículo 18, ¿cómo podemos tener acceso al Padre?

D. Lee 1 Timoteo 2.5-6.
   1. ¿Quién es el mediador entre Dios y el hombre? ¿Hay más que un mediador? Explica.

   2. Según el versículo 6, ¿qué hizo Jesús? ¿Qué logró con esto?

E. Lee Hebreos 10.19-22; 4.16.
   1. Según Hebreos 10.19, ¿con qué actitud debemos acercarnos a Dios? ¿Cómo es posible esto?

   2. ¿Con qué compara Hebreos 10.20 el cuerpo de Jesús? ¿Por qué hace esta comparación?

   3. Según el versículo 22, ¿cómo deberíamos reaccionar a la obra de Dios hecha a nuestro favor? ¿Qué vamos a hacer con una «conciencia de culpabilidad»?

4. Según Hebreos 4.16, ¿cómo debemos acercarnos a Dios? ¿Por qué tenemos que acercarnos a nuestro Señor en oración?

Una decisión para actuar

A. Busca un buen libro de oración y proponte leerlo este mes. Anota todo lo que creas útil mientras lees, especialmente aquellas cosas que te hablan directamente al corazón.

B. Si no estás preparado para llevar un diario de oración, inténtalo durante un mes. Consíguete una libreta pequeña y en una columna escribe la fecha cuando oraste por alguna necesidad específica. Mantén la segunda columna abierta para anotar la fecha y cómo respondió Dios a tu oración.

10

«YO ENTIENDO TU DOLOR»

Nailing It Down

A. «¿Por qué Jesús vivió en la tierra todo el tiempo que lo hizo? ¿No pudo su vida haber sido más corta? ¿Por qué no venir a este mundo solo a morir por nuestros pecados y luego irse? ¿Por qué no un año o una semana sin pecado? ¿Por qué tuvo que vivir esa vida tantos años?

1. ¿Por qué crees tú que Jesús vivió en la tierra tanto como lo hizo?

2. Si Jesús hubiera muerto cuando era un niño y hubiese resucitado tres días después, ¿qué preguntas nuestras habrían quedado sin respuesta? ¿Cómo algo así habría cambiado la naturaleza de nuestra fe?

B. «Antes de clavarle los clavos le ofrecieron de beber. Marcos dice que el vino estaba mezclado con mirra. Mateo dice que el vino estaba mezclado con hiel. Tanto la mirra como la hiel tienen propiedades sedativas que adormecen los sentidos. Pero Jesús los rechazó. No quiso estar aturdido por las drogas, optando en cambio por sentir el sufrimiento en toda su fuerza».

1. ¿Por qué crees que Jesús rechazó beber sedativos?

2. ¿Responderías a Jesús en forma diferente si Él hubiera optado por mitigar el dolor? Explica.

C. «Jesús ha estado donde tú estás y puede saber cómo te sientes. Y si su vida en la tierra no logra convencerte, lo hará su muerte en la cruz. Él entiende la situación por la que estás pasando».

1. ¿Te ha parecido alguna vez como que Jesús no te ha entendido ni a ti ni a tus circunstancias? Explica

2. ¿Cómo cambiarían nuestras actitudes si realmente creyéramos y entendiéramos que Jesús puede entender cómo nos sentimos? ¿Cómo cambiaría esto nuestra vida de oración?

D. «¿Por qué la garganta del cielo llegó a estar tan afectada? Para que nosotros pudiéramos saber que Él entiende; para que todo el que sufre oiga la invitación: «Confía en mí».

1. ¿Cómo la garganta quemada de Jesús nos mostró que podemos confiar en Él?

2. ¿Qué significa confiar en Jesús sobre la base de un día tras otro?

E. «¿Por qué, en sus momentos finales, Jesús estuvo decidido a cumplir la profecía? Él sabía de nuestras dudas. Y de nuestras preguntas. Y como no quería que nuestras cabezas privaran a nuestros corazones de su amor, usó sus momentos finales para ofrecer la prueba de que Él era el Mesías.

1. ¿Cómo el cumplimiento de la profecía nos ayuda a confiar en Dios?

2. ¿En qué manera el cumplimiento de las profecías te ayuda más a confiar en Dios?

Una mirada al corazón de Dios

A. Lee Marcos 15.22-24.

1. ¿Qué ofrecieron los romanos a Jesús justo antes de crucificarlo?

    2. ¿Cómo respondió Jesús? ¿Por qué respondió así?

B. Lee Juan 19.28-30.
    1. ¿En qué puntos esta escena difiere de la de Marcos 15?

    2. ¿Cómo fue esta escena el cumplimiento de una profecía? ¿Por qué fue importante que finalizara esta obra antes de su muerte?

C. Lee Hebreos 4.15-16.
    1. ¿Por qué se dice de Jesús que es nuestro «sumo sacerdote»?

    2. ¿Por qué Jesús es capaz de compadecerse de nuestras debilidades?

    3. ¿Qué área de la vida Jesús no compartió con nosotros? ¿Por qué es esto tan importante?

D. Lee 2 Corintios 1.3-5.
    1. ¿Cómo se le llama a Dios en el versículo 3?

    2. Según el versículo 4, ¿por qué Jesús nos consuela?

    3. ¿Cómo se relacionan, según el versículo 5, nuestros sufrimientos y el consuelo?

Una decisión para actuar

A. Tómate varias semanas para leer los cuatro Evangelios. Mantén un libro de apuntes para tu Biblia y anota cada situación en la que Jesús demuestra su profundo entendimiento de las debilidades y las tribulaciones humanas.

B. Observa esta semana formas en que puedas dar a conocer a otros la compasión de Cristo. Deja que tus amigos y compañeros de trabajo vean que tú entiendes y te interesas por sus angustias. Que tu familia sepa que estás tratando de hacer lo mejor para entender sus retos personales. Haz algo fuera de lo común, un paso especial fuera de tu zona de comodidad.

11

«YO TE HE REDIMIDO Y TE GUARDARÉ»

Los clavos

A. «Logré reconocimiento y notoriedad por el buen desempeño de alguien más, simplemente por ser yo parte del equipo. ¿No ha hecho Cristo lo mismo contigo? Lo que mi equipo hizo por mí aquel lunes, tu Señor lo hace por ti todos los días de la semana. Gracias a su trabajo puedes cerrar tu ronda diaria con un puntaje perfecto».
   1. Describe una ocasión en que se te haya reconocido por ser parte de un buen equipo.

   2. ¿Qué significa para ti estar en «el equipo del Señor»?

B. «La santificación posicional llega por la obra de Cristo para nosotros. La santificación progresiva llega por la obra de Cristo *en* nosotros. Ambas son regalos de Dios».
   1. Describe en tus propias palabras lo que significa para ti «santificación posicional».

   2. Describe en tus propias palabras lo que significa para ti «santificación progresiva».

   3. ¿En qué sentido son ambas un regalo de Dios para ti?

C. «El matrimonio es tanto algo ya hecho como algo que se va desarrollando diariamente. Algo que hiciste y algo que haces. Lo mismo es verdad en nuestro caminar con Dios. ¿Puedes ser más salvado ahora que como lo fuiste el primer día de tu salvación? No. ¿Pero puede una persona crecer en la salvación? Por supuesto que sí. Es, como el matrimonio, algo hecho y algo que se desarrolla diariamente.

1. ¿En qué sentido es el matrimonio «algo ya hecho»? ¿En qué sentido es algo que se va «desarrollando diariamente»?

2. ¿Cómo es tu caminar con Dios como el matrimonio? ¿En qué sentido es diferente?

D. «Algunos aceptan la sangre pero olvidan el agua. Quieren ser salvos pero no quieren ser cambiados. Otros aceptan el agua pero olvidan la sangre. Están muy ocupados para Cristo pero nunca en paz en Cristo. ¿Cómo es tu situación? ¿Tiendes a inclinarte en uno u otro sentido?

1. Responde la pregunta de Max. ¿A qué lado tiendes a inclinarte?

2. ¿Cómo puede alguien que es salvado madurar en la fe al punto que *desee* ser cambiado?

3. ¿Cómo puede alguien que está frenéticamente ocupado para Cristo encontrar también la paz en Cristo?

Una mirada en el corazón de Dios

A. Lee Juan 19.31-37.

1. ¿Por qué quebraron las piernas a los dos criminales? ¿Y por qué no hicieron lo mismo con las piernas de Jesús?

2. ¿Por qué crees que el soldado clavó la lanza en el costado de Jesús? ¿Qué ocurrió cuando lo hizo?

3. En el versículo 35, Juan dice que da la información sobre la lanza clavada en el costado de Jesús para que

tú «también puedas creer». ¿Cómo puede entenderse esto?

B. Lee Juan 7.37-39.
   1. ¿Qué promesa nos da Jesús en este pasaje?

   2. ¿En qué manera es el Espíritu como una corriente de agua viva? ¿Qué debemos hacer nosotros para beneficiarnos de esta agua?

C. Lee Hebreos 9.11-12.
   1. ¿Cómo pudo Jesús entrar en el Lugar Santísimo celestial?

   2. ¿Qué clase de redención ganó Jesús por nosotros?

D. Lee Hebreos 10.10, 12, 14.
   1. Según el versículo 10, ¿cómo es que nosotros hemos sido hecho santos?

   2. Según el versículo 12, ¿cuántos sacrificios hizo Jesús? ¿Por cuánto tiempo mantiene su efectividad dicho sacrificio?

   3. ¿Cuáles dos tiempos aparecen en el versículo 14? ¿Qué es lo importante en cuanto a esto? ¿Cómo es posible, por un lado, «ser perfecto para siempre» y «estar siendo santificados»?

E. Lee Filipenses 2.12-13.
   1. ¿Qué significa «ocuparse de la salvación»?

   2. ¿Por qué tenemos que hacer esto con «temor y temblor»?

   3. ¿Quién está actuando en nosotros? ¿Qué espera conseguir?

Una decisión para actuar

A. Pide a tu cónyuge o a tu mejor amigo en el Señor que te digan cuándo te ves más fuerte espiritualmente: (1) ¿En tu confianza como hijo de Dios, o (2) en tu trabajo como un siervo del Rey? Pídeles que razonen su respuesta. Después, trae esta evaluación delante del Señor en oración y pídele que te ayude a crecer y madurar en el área donde estás más débil.

B. Busca una buena concordancia y estudia la palabra santificado (así como *santificando*). Anota lo que hayas aprendido. ¿Cuál parte es responsabilidad de Dios y cuál parte es nuestra responsabilidad? ¿Cómo cambia esto la forma en que entiendes tu crecimiento espiritual?

12

«YO TE AMARÉ PARA SIEMPRE»

Los clavos

A. «¿Cómo Dios puede ser justo y amable al mismo tiempo? ¿Cómo puede ser veraz y misericordioso al mismo tiempo? ¿Cómo puede redimir al pecador sin endosar su pecado? ¿Puede un Dios santo pasar por alto nuestras faltas? ¿Puede un Dios amable castigar nuestras faltas? Desde nuestra perspectiva, hay solo dos soluciones igualmente inapelables. Pero desde su perspectiva, hay una tercera. Esta se llama «la Cruz de Cristo».

1. Responde las cinco preguntas de Max en el párrafo anterior.

2. ¿Cómo es la cruz de Cristo la solución para nuestro dilema?

B. «La cruz es donde Dios perdonó a sus hijos sin rebajar sus estándares. ¿Cómo pudo hacer tal cosa? En una frase: Dios puso nuestros pecados sobre su Hijo y los castigó allí».

1. ¿Cómo la cruz muestra tanto la santidad de Dios como su amor?

2. ¿Cómo puso Dios nuestro pecado sobre su Hijo? ¿Qué se requiere para que los méritos de su Hijo sean puestos en nuestra cuenta?

C. «Seguramente el amor de Dios tiene que tener un fin. ¿No te parece? Pero David el adúltero nunca lo encontró. Pablo el asesino nunca lo encontró. Pedro el mentiroso nunca lo encontró. En sus respectivas experiencias, ellos llegaron a tocar fondo; pero en cuanto al amor de Dios, nunca ocurrió»

1. Describe una ocasión cuando pensaste que habías llegado al final del amor de Dios por ti. ¿Qué pasó?

2. ¿Cómo puedes ayudar a otros a entender y aun sentir la ilimitada profundidad del amor de Dios?

Una mirada al corazón de Dios

A. Lee Juan 3.16-18.

   1. Según este pasaje, ¿quién puede ganar la vida eterna? ¿En qué manera?

   2. Según el versículo 16, ¿a qué mandó Dios a su Hijo a la tierra?

   3. Según el versículo 17, ¿para qué no mandó Dios a su Hijo a la tierra?

   4. Según el versículo 18, ¿quién no es condenado? Según el mismo versículo, ¿quién sí es condenado? ¿A qué grupo perteneces tú? Explica.

B. Lee 2 Corintios 5.21.

   1. ¿Qué hizo Dios con su Hijo?

   2. ¿A favor de quién hizo esto?

   3. ¿Por qué lo hizo?

C. Lee Romanos 5.8.

   1. ¿Cómo Dios nos mostró su amor?

   2. ¿Cuándo mostró Dios este amor? ¿Por qué esto es tan grande?

D. Lee 1 Juan 4.10.

1. ¿Dónde comienza el verdadero amor?

2. ¿Por qué envió Dios a su Hijo? ¿Qué es «un sacrificio de expiación»?

E. Lee Romanos 11.22.

1. ¿Cuáles son los dos «lados» que describe Dios en este versículo?

2. ¿Qué aplicación práctica hace el apóstol Pablo de esta verdad?

Una decisión para actuar

A. A veces un versículo famoso llega a sernos tan familiar que por ese hecho pierde algo de su potencia. Juan 3.16 podría perfectamente ser uno de ellos. Para ayudarte a sentir las poderosas ondas de este versículo, léelo en diferentes versiones. Escribe el versículo tal como aparece en cada una de ellas. Luego dedica un tiempo a analizar la forma en que comunican la misma gloriosa verdad. Concluye este tiempo dedicando varios minutos a la oración, agradeciendo a Dios por haber enviado a Cristo a la tierra por ti.

B. La próxima vez que estés observando un evento deportivo en la televisión y veas por un segundo a alguien sosteniendo un cartel con la cita: «Juan 3.16» (esta persona asiste a muchos estadios) pregunta a los que estén contigo en el cuarto por qué creen que esta persona insiste en aparecer en los juegos deportivos con este cartel. Trata de comenzar una conversación sobre la motivación detrás del versículo.

13

«YO PUEDO CAMBIAR TU TRAGEDIA EN VICTORIA»

Los clavos

A. «El primer domingo de resurrección Dios tomó la ropa de muerte y la hizo un símbolo de vida. ¿Podría Él hacer lo mismo contigo?

   1. ¿Qué ropa de muerte hizo Dios un símbolo de vida?

   2. Responde la pregunta de Max. ¿Podría Dios hacer algo similar contigo? Explica.

B. «¿Cómo reaccionas cuando en tu vida es sábado? ¿Qué haces cuando estás en algún punto entre la tragedia de ayer y la victoria de mañana? ¿Te apartas de Dios, o te quedas cerca de Él?

   1. ¿Qué quiere decir Max con «cuando en tu vida es sábado»?

   2. Responde la pregunta de Max. Después que la tragedia te ha golpeado, ¿te alejas de Dios, o te quedas cerca de Él? Explica.

C. «A través de las telas de la muerte, Juan vio el poder de la vida. ¿Sería posible que Dios usara algo tan triste como el entierro de alguien para cambiar una vida?

   1. ¿Te parece lógico que Dios haya usado la tristeza de un funeral para cambiar una vida?

   2. Analiza otros casos bíblicos donde Dios tomó una situación triste y la transformó en algo alegre.

D. «Con todo lo difícil que puede ser creer, tú podrías estar a solo un sábado de una resurrección. Solo a horas de esa preciosa oración de un corazón cambiado: Dios, ¿hiciste esto por mí?»

1. ¿Qué clase de «resurrección» necesitas en este momento?

2. ¿Crees que Dios esté dispuesto a darte esta resurrección, solo a ti? Explica.

Una mirada al corazón de Dios

A. Lee Juan 19.38-40; 20.3-9.

1. ¿Quiénes vinieron para hacerse cargo del cuerpo de Jesús? ¿Qué tenían en común estos hombres? ¿Cómo manifestaron mayor valentía en esta hora que los discípulos de Jesús?

2. ¿Cómo prepararon estos hombres el cuerpo de Jesús para sepultarlo? ¿Cómo prueba esto que Jesús estaba real y verdaderamente muerto?

3. ¿Qué encontraron Pedro «y el otro discípulo» (Juan) cuando entraron en la tumba vacía el día en que Jesús resucitó (Juan 20.5-7)? ¿Por qué lo que vieron hizo que Juan creyera?

B. Lee Salmos 31.7-8.

1. ¿Por qué el salmista estaba gozoso? Menciona a lo menos tres razones.

2. ¿Cómo puede esta porción animarnos en tiempos difíciles?

C. Lee 1 Pedro 5.10.

1. ¿Qué título se le da a Dios en este versículo? ¿En qué manera es significativo?

2. ¿A qué nos llamó Dios?

3. ¿Cuándo seremos «restaurados» y «afirmados, fortalecidos y establecidos»?

D. Lee Romanos 8.28.
   1. ¿Qué dice este versículo que nosotros ya «sabemos»?

   2. ¿Qué es lo destacado en la frase «en todas las cosas» o «en todo»?

   3. ¿Para quién es la promesa? ¿Cuáles son las dos «condiciones»?

   4. ¿Cómo puede este versículo darnos esperanza en tiempos de prueba?

Una decisión para actuar

A. Sigue la sugerencia de Max: «Haz este ejercicio simple. Quita la palabra todo en Romanos 8.28 y reemplázala con el símbolo de tu tragedia». ¿Qué ocurre cuando haces esto?

A. Solo o con la ayuda de alguien, piensa en algunas historias de la Biblia en las cuales Dios haya tomado lo que parecía una clara derrota para su pueblo y lo haya transformado en victoria. ¿Por qué crees que Dios disfruta haciendo las cosas de esta manera? ¿En qué área de tu vida podrías usar actualmente tal victoria? Haz una lista de amigos para que oren contigo para que haga lo mismo a favor de ustedes.

14

«YO HE ALCANZADO LA VICTORIA»

Los clavos

A. ¿Qué declaración en cada una de las cinco secciones de este capítulo te ayudaron más?
   1. Su nacimiento

   2. Su ministerio

   3. Su ejecución

   4. Su movimiento

   5. La continuación del movimiento

B. ¿Qué declaración te sorprendió más? ¿Por qué?

Una mirada al corazón de Dios

A. Lee Colosenses 2.15.
   1. ¿Cómo cambió Dios la cruz de un objeto de vergüenza en un objeto de exaltación?

   2. ¿Cómo cambió Dios la cruz de un objeto de muerte en un objeto de vida?

   3. ¿Cómo cambió Dios la cruz de un objeto de horror en un objeto de gozo?

   4. ¿Cómo la cruz dio a Dios la más grande victoria sobre Satanás?

5. ¿Crees tú que Satanás vio venir su derrota? Explica.

B. Lee 1 Corintios 15.57 como aparece citado al comienzo de este capítulo.
   1. ¿Cuáles fueron los tres enemigos derrotados en la cruz?

   2. ¿Cómo fue esto posible?

   3. ¿Quién lo hizo posible?

   4. ¿Cuál debe ser nuestra reacción ante esta victoria gloriosa?

C. Lee 2 Corintios 2.14.
   1. ¿Qué se nos promete en este versículo?

   2. ¿Qué clase de «victorias» hay en perspectiva?

   3. ¿Qué sugiere la realidad de la cruz en cuanto a la realidad de nuestras propias victorias espirituales?

NOTA AL REVISOR: La secuencia en la sección anterior debe ser A, B y C, y no A, C y D.

Una decisión para actuar
   A. Aun si tú no tuvieras el don de poeta, trata de escribir un poema de pocas líneas que describa tus sentimientos en cuanto a la tumba vacía de Jesús. Expone lo que es más relevante para ti. Luego, si eres suficientemente atrevido, muestra lo que has escrito a un amigo amable y comprensivo. (O, simplemente, haz una lista de las palabras que comunican tus sentimientos sobre la victoria de Cristo sobre la muerte.)
   B. Imagínate que tú fuiste uno de los ángeles asignados a la tumba después de la resurrección de Jesús; quizás uno de

los que movió la piedra y se sentó sobre ella, el que hizo que los soldados que montaban guardia ante la tumba cayeran como muertos, víctimas de un espanto incontrolable. ¿Qué habría pasado por tu mente? ¿Qué habrías sentido? ¿Qué te habría gustado hacer? ¿Con quién te habría gustado haber hablado? ¿Qué le habrías dicho a Jesús después de haber resucitado de la muerte? ¿Qué le hubieras dicho a modo de saludo si hubieras sido el primero en verlo vivo después de su resurrección?

15

¿QUÉ DEJARÁS EN LA CRUZ?

Los clavos

A. «Chifladuras e ironías. El cerro del Calvario es, precisamente, esas dos cosas».
   1. ¿Qué fue lo absurdo que hubo en el cerro del Calvario?

   2. ¿Qué fue lo irónico que hubo en el cerro del Calvario?

   3. ¿Qué te sorprende más, lo absurdo o lo irónico? ¿Por qué?

B. «No habríamos podido escribir el drama de la redención de esta manera. Pero, de nuevo, nadie nos pidió hacerlo. Estos actores, principales y secundarios fueron reclutados en el cielo y ordenados por Dios. No se nos pidió a nosotros fijar la hora. Pero sí se nos ha pedido que reaccionemos a ella. Para que la cruz de Cristo sea la cruz de tu vida, tú y yo necesitamos llevar algo al cerro».
   1. Si te lo hubiesen pedido,¿cómo habrías escrito el drama de la redención?

   2. ¿Cómo habrás reaccionado al Calvario?

   3. ¿Qué habrías llevado al cerro?

C. Max nos dice que dejemos algo en el cerro. En cada una de las siguientes categorías, ¿qué podrías dejar tú en el Calvario?
   1. Malos momentos

2. Momentos de rabia

3. Momentos de ansiedad

4. Momentos finales

Una mirada al corazón de Dios
A. Lee Juan 14.1-3.
   1. ¿Qué era lo que preocupaba a los discípulos cuando él les hablaba estas palabras?

   2. ¿Qué consejo les dio para que dejaran de estar preocupados?

   3. ¿Cómo es este consejo igualmente aplicable en nuestros días?

B. Lee 1 Juan 1.9.
   1. ¿Qué promesa se nos da en este versículo?

   2. ¿Qué confesión necesitas dejar en el Calvario?

C. Lee 1 Corintios 13.5.
   1. Según este versículo, ¿qué característica no tiene el amor?

   2. ¿Cuáles de estos pecados te está pidiendo Cristo que dejes en el Calvario?

D. Lee Proverbios 3.5-6.
   1. ¿Qué se nos dice en estos versículos que debemos hacer?

   2. Prácticamente hablando, ¿cómo tiene que hacerse esto?

3. ¿Qué promesa se nos da en este versículo?

4. ¿Qué tienes tú que dejar en la cruz para beneficiarte de la promesa de este versículo?

E. Lee 1 Pedro 5.7.
   1. ¿Qué instrucción nos da este versículo?

   2. ¿Qué promesa hay para los que obedecen esta instrucción?

   3. ¿Qué tienes que dejar en la cruz para beneficiarte de la promesa de este versículo?

Una decisión para actuar

A. Hasta donde te sea posible, prepara una lista de todos los momentos malos, los momentos de rabia y los momentos de ansiedad. Confiésalos al Señor, luego lleva esa lista a un lugar apartado, destrúyela y entiérrala a los pies de un árbol. Mientras regresas a casa, da gracias a Dios porque te ha invitado a que deposites todas estas cosas que te afligen a los pies de la cruz, que es el único lugar donde pierden su poder.

B. Planea y lleva a cabo un servicio personal de adoración al cual podrías invitar solo a los miembros de tu familia (o a nadie, si así lo deseas). Selecciona cuidadosamente algunos himnos o coros o canciones que te ayuden a poner tu atención en todas las cosas sorprendentes que hizo Dios para ganar tu corazón y cántalos con devoción. Lee varias porciones breves de la Escritura que te hagan pensar en todo lo que Él ha hecho por ti. Dedica varios minutos a agradecerle por su gracia... y por los clavos que adhirieron a Cristo (y tus pecados) a la cruz. Ten un tiempo de gran gozo y de esta manera alegrarás el corazón de Dios.

Disponible pronto

Biblioteca Electrónica Caribe

(Julio 2003)
#0899228574

Mi Salvador Y VECINO

(Octubre 2003)
#0881137715

Sobre el autor

MAX LUCADO

Max Lucado es un genio de la literatura. Con más de veinticinco millones de libros en circulación, ha tocado a millones de personas con su prosa poética. Cuando no está escribiendo, Max es el predicador de la Oak Hills Church de San Antonio, Texas.

www.caribebetania.com